Ernst Heinrich Philipp August Haeckel

Plankton-Studien

Vergleichende Untersuchungen über die Bedeutung und Zusammensetzung der

pelagischen Fauna und Flora

Ernst Heinrich Philipp August Haeckel

Plankton-Studien

Vergleichende Untersuchungen über die Bedeutung und Zusammensetzung der pelagischen Fauna und Flora

ISBN/EAN: 9783743410770

Hergestellt in Europa, USA, Kanada, Australien, Japan

Cover: Foto ©berggeist007 / pixelio.de

Manufactured and distributed by brebook publishing software
(www.brebook.com)

Ernst Heinrich Philipp August Haeckel

Plankton-Studien

Plankton-Studien.

Vergleichende Untersuchungen

über die

Bedeutung und Zusammensetzung

der

Pelagischen Fauna und Flora.

Von

Ernst Haeckel.

———— ·—— ——

Jena,

Verlag von Gustav Fischer.

1890.

Seinem lieben Freunde

John Murray

Dr. phil., Dr. jur. etc.

dem verdienstvollen Herausgeber des Challenger-Werkes

hochachtungsvoll gewidmet

vom Verfasser.

Mein lieber John Murray!

Als ich im August 1879 in Edinburgh die reichen Sammlungen der Challenger-Expedition studirte, und Sie mir, zur Ergänzung der früher schon übergebenen Radiolarien-Schätze, Ihre wundervollen pelagischen Stations-Präparate zur Bearbeitung einhändigten, unterhielten wir uns oft mit staunender Bewunderung von dem unerschöpflichen Reichthum dieser neu entdeckten Formen-Welt. Lebendig trat uns derselbe in anderer Form entgegen, als Sie mich gleich darauf nach „Ur-Europa", nach der uralten Nordwest-Küste von Schottland führten; die ungeheuren Schaaren von pelagischen Thieren und Pflanzen, die wir dort in der Bucht von Scourie und an der Küste der Insel Handa mit dem Müller-Netze fischten, regten uns zu vielfachen Betrachtungen über die interessanten Aufgaben an, welche die nähere Erforschung dieses „Auftriebes oder Plankton" noch der Wissenschaft stellt.

Zehn Jahre später, im September 1889, konnten Sie mit meinem „Report on the Deep-Sea-Keratosa" die lange Reihe der zweiundachtzig „Zoological Reports" schliessen, welche zweiunddreissig Quartbände und 2600 Tafeln der „Voyage of H. M. S. Challenger" füllen. Dieses epochemachende Werk ist die grösste und wichtigste Bereicherung, welche die marine Biologie bisher erfahren hat. Die unermüdliche Ausdauer und das seltene Organisations-Talent, mit dem Sie ein Decennium hindurch die Redaction und Herausgabe desselben geleitet haben, verdient die höchste Anerkennung. Schon viele grosse Expeditionen sind zur Erforschung der Geheimnisse des Oceans ausgesandt worden; aber noch keine hat solche Früchte getragen.

Dank Ihrem Vertrauen, ist es auch mir vergönnt gewesen, an der Bearbeitung der von Ihnen gesammelten pelagischen Schätze mich zwölf Jahre hindurch zu betheiligen. Sie haben mir dabei stets in liberalster Weise Ihre kostbaren Materialien zur vollen Disposition gestellt; und wenn meine vier Challenger-Reports Einiges zur näheren Kenntniss des Plankton beitragen, so ist das grossentheils Ihrem bereitwilligen Entgegenkommen zu danken. Nehmen Sie als Ausdruck meines Dankes die Widmung dieser „Plankton-Studien" entgegen, in welchen Sie die allgemeinsten Resultate Ihrer und meiner vieljährigen pelagischen Untersuchungen zusammengestellt finden.

Mit freundschaftlichem Grusse Ihr treu ergebener

Jena, am 28. November 1890.   ERNST HAECKEL.

Inhalt.

I. Historische Erläuterungen.

Die gewaltigen Fortschritte, welche unsere Erkenntniss des organischen Lebens im letzten halben Jahrhundert gemacht hat, verdanken wir — nächst der Entwickelungs-Theorie — zu einem grossen Theile der Erforschung der sogenannten „pelagischen Thierwelt". Diese wunderbaren Organismen, die an der Oberfläche des Meeres und in verschiedenen Tiefen desselben schwimmend leben, hatten schon lange durch den Reichthum an mannichfaltigen und sonderbaren Formen, wie durch die erstaunlichen Massen der schaarenweis angehäuften Individuen das Interesse der Seefahrer und Naturforscher erregt; in vielen älteren und neueren Reise-Beschreibungen werden sie erwähnt. Auch ist eine bedeutende Anzahl derselben, besonders von grösseren und auffallenden Formen, bereits im vorigen Jahrhundert und in der ersten Hälfte unseres Jahrhunderts beschrieben und abgebildet worden. Aber die genauere und umfassende Erforschung dieser „pelagischen Welt" ist noch nicht fünfzig Jahre alt und begann erst in dem fünften Decennium unseres Jahrhunderts. Auch auf diesem, wie auf so vielen anderen Gebieten der Biologie, trat zuerst bahnbrechend der grosse JOHANNES MÜLLER auf, gleich schöpferisch und erfolgreich in den beiden Gebieten der Morphologie und Physiologie.

JOHANNES MÜLLER in Berlin war es, der zuerst planmässig und mit grösstem Erfolge die „pelagische Fischerei mittelst

1

des feinen Netzes" übte. Als er im Herbst des Jahres 1845 auf Helgoland seine berühmten Untersuchungen über die Entwickelung der Echinodermen begann, verschaffte er sich die kleinen pelagischen Larven der Echinodermen und die mit ihnen gesellig lebenden Sagitten, Würmer-Larven und andere kleine pelagische Thiere anfänglich mühsam durch „mikroskopische Untersuchung des ein-gebrachten Seewassers" (1). Aber bald trat an die Stelle dieser äusserst mühseligen und undankbaren Methode die ergebnissreiche Fischerei mittelst des „feinen pelagischen Netzes". In der Ab-handlung „Ueber den allgemeinen Plan in der Entwickelung der Echinodermen" (1853, p. 2) vergleicht Müller die verschiedenen Methoden zu ihrer Beobachtung und empfiehlt vor Allem das „Fischen mit dem feinen Netz an der Oberfläche des Meeres". Er sagt: „Dieser Methode habe ich mich seit so vielen Jahren mit dem besten Erfolge bedient; sie ist für die vorgerück-teren Stadien der schwärmenden Larven, und die Zeit der Reife und Metamorphose durchaus unentbehrlich, und in keiner Weise zu ersetzen." Die Schüler, welche Johannes Müller 1845 und 1846, ebenso wie in mehreren folgenden Jahren, nach Helgo-land und Triest begleiteten (Max Müller, Busch, Wilms, Wa-gener u. A.) wurden von ihm in diese Methode der „pelagischen Fischerei" und der Untersuchung des dadurch gewonnenen „pe-lagischen Auftriebes" eingeführt; bald wurde sie auch von anderen, an das Meer reisenden Zoologen mit günstigstem Erfolge geübt; von Krohn, Leuckart, Carl Vogt u. A., und besonders von den drei Würzburger Naturforschern, welche 1852 die reichen Schätze der Meerenge von Messina mit so glänzendem Erfolge ausbeuteten, von A. Kölliker, Heinrich Müller und C. Gegen-baur, nicht minder von Th. Huxley.

Erst um diese Zeit, also im Beginn der zweiten Hälfte unseres Jahrhunderts, wurde der erstaunliche Reichthum an interessanten und lehrreichen Lebensformen näher bekannt, welchen die Ober-fläche des Meeres dem Naturforscher bietet; und es begann jene lange Reihe von wichtigen Entdeckungen, welche in den letzten vierzig Jahren so viele Bände unserer mächtig anwachsenden zoo-logischen Litteratur füllen. Es war damit ein neues und un-erschöpflich reiches Gebiet der zootomischen und mikroskopischen Forschung geöffnet, und es ist allgemein bekannt, in wie über-raschender Weise dadurch die verschiedensten Theile unseres grossen Gebietes, Anatomie und Physiologie, Organologie und Histologie, Ontogenie und Systematik gefördert wurden. Die Er-

forschung der niederen Seethiere ist seitdem als ein weites Arbeits-
feld anerkannt, dessen Ausbeutung für alle jene Wissenschafts-
Zweige die grösste Bedeutung besitzt, und dem wir nicht bloss
zahllose specielle, sondern auch die wichtigsten allgemeinen Aufschlüsse verdanken.

Die allgemeine Anschauung der Zoologen über die Verbreitung
dieser reichen pelagischen Thierwelt gestaltete sich in Folge jener
Entdeckungen dahin, dass eine besondere, aus vielen characteristischen Formen zusammengesetzte „pelagische Fauna"
existirt, wesentlich verschieden von der littoralen Fauna. Diese
pelagische Fauna sollte sich aus schwimmenden (theils passiv
treibenden, theils activ schwimmenden) Thieren zusammensetzen,
welche sich stets an der Meeres-Oberfläche aufhalten und dieselbe
entweder niemals verlassen, oder nur zeitweise in geringe Tiefen
hinabgehen. Als solche echte „pelagische Thiere" wurden betrachtet
die Radiolarien, Peridinien, Noctiluken, Medusen, Siphonophoren,
Ctenophoren, Sagitten, Pteropoden, Heteropoden, ein grosser Theil
der Crustaceen, die Larven der Echinodermen, vieler Würmer u. s. w.

Wesentliche Veränderungen erfuhr diese allgemein herr-
schende Auffassung der „pelagischen Fauna" erst durch die über-
raschenden Entdeckungen der epochemachenden Challenger-
Expedition (1873—1876). Die beiden Führer derselben, Sir
Wyville Thomson und Dr. John Murray, beschränkten sich nicht
auf ihre Haupt-Aufgabe, die allseitige physikalische und biologische
Erforschung der Ocean-Tiefen, sondern untersuchten mit gleicher
Sorgfalt und Ausdauer auch die Verhältnisse des organischen
Lebens an der Oberfläche und in den verschiedenen Tiefen-Zonen
des Oceans. Als das bedeutendste allgemeine Resultat stellte
Murray schon in seinem „Preliminary Report" (1876) den ge-
wichtigen Satz auf: „Ueberall haben wir ein reiches organisches
Leben an der Oberfläche des Oceans und unterhalb derselben angetroffen. Wenn lebende Wesen an der Oberfläche spärlich sind,
wird das Taunetz gewöhnlich zahlreiche Formen unterhalb derselben liefern, in einer Tiefe bis zu 1000 Faden und mehr. Wir
haben nirgends eine wirklich unfruchtbare, von organischem Leben
entblösste Region angetroffen" (5, p. 536). Sodann wurde 1875,
auf der Fahrt durch den Nord-Pacifischen Ocean (von Japan nach
den Sandwich-Inseln), die äusserst wichtige Thatsache festgestellt,
dass die pelagischen Organismen in den verschiedenen Tiefen-
Zonen des Oceans verschiedenen Arten angehören. Während dieser
Fahrt wurden feine pelagische Netze (oder Taunetze) „bei vielen

Gelegenheiten bis zu 500, 1000 und 2000 Faden Tiefe hinabgelassen und dabei viele schwimmende Organismen entdeckt, welche bisher niemals, weder an der Oberfläche des Oceans, noch in geringen Tiefen (bis zu 100 Faden unterhalb derselben) gefangen worden waren" (6, p. 758). Die characteristischen Formen dieser verschiedenen Tiefen-Zonen gehören grossentheils zur Classe der Radiolarien, namentlich zur Ordnung der Phaeodarien.

Durch die Untersuchung der Challenger-Radiolarien, welche ein volles Decennium hindurch den grössten Theil meiner Zeit und Arbeitskraft in Anspruch nahm, wurde ich selbst dazu geführt, diese Verbreitungs-Verhältnisse genauer zu untersuchen. Ich gelangte dabei zur Ueberzeugung, dass die von MURRAY entdeckten Unterschiede der pelagischen Fauna in den verschiedenen Tiefen-Zonen des Oceans noch bedeutender sind, als der verdienstvolle Challenger-Forscher annahm, und dass sie nicht bloss für die Radiolarien, sondern auch für andere Gruppen von schwimmenden oceanischen Organismen die grösste Bedeutung besitzen. Ich unterschied daraufhin schon 1881 (in meinem „Entwurf eines Systems der Challenger Radiolarien", p. 422) „drei Gruppen: A) pelagische, an der Oberfläche des ruhigen Meeres schwebende; B) zonarische, in bestimmten Zonen der Meerestiefen (bis über 20000 Fuss hinab) schwebende, und C) profunde (oder abyssale), unmittelbar über dem Boden des tiefen Meeres schwebende Thiere. Im Allgemeinen entsprechen (bis zu 27000 Fuss hinab) den verschiedenen Zonen verschiedene Form-Charactere."

In meiner „Allgemeinen Naturgeschichte der Radiolarien" (4, p. 129) habe ich diese Unterscheidung näher begründet und meine Ueberzeugung ausgesprochen, „dass es künftig gelingen wird, mit Hülfe geeigneter bathygraphischer Zonen-Netze selbst in den grossen über einander liegenden Zonen der Tiefsee mehrere verschiedene Faunen-Gürtel nachzuweisen".

Die Existenz dieser von MURRAY entdeckten „intermediären pelagischen Fauna", welche die verschiedenen Tiefen-Gürtel des Oceans zwischen der Oberfläche und dem Tiefsee-Boden bewohnt, und welche ich daher kurzweg als „zonarische Fauna" bezeichnete, wurde bald darauf entschieden in Abrede gestellt von ALEXANDER AGASSIZ. Er stellte auf Grund von „exacten Experimenten", welche 1878 während der „Blake"-Expedition ausgeführt wurden, den Satz auf, dass der grösste Theil des Oceans gar kein organisches Leben enthalte, und dass die pelagischen Thiere nicht tiefer als 100 Faden hinabgehen. „Die Experimente scheinen endgültig zu beweisen, dass die Oberflächen-Fauna der See thatsächlich auf eine verhältnissmässig dünne Schicht beschränkt ist, und dass kein intermediärer Gürtel thierischen Lebens, so zu sagen, zwischen der Fauna des Meeresbodens und der Oberfläche existirt." (15, p. 46, 48.)

Obgleich diese n e g a t i v e n Ergebnisse der sogenannten „exacten Experimente" von AGASSIZ schon durch die vorhergehenden p o s i t i v e n Resultate der Challenger-Forscher von vornherein widerlegt waren, konnte doch der Erstere gegen die Letzteren mit einigem Scheine des Rechtes den Einwand erheben, dass die von ihnen verwendeten „Taunetze" keinen sicheren Schluss gestatteten [1]). Dieser Einwand konnte nur dadurch endgültig widerlegt werden, dass man ein neues Taunetz construirte, welches, geschlossen in eine bestimmte Tiefe hinabgelassen, erst dort sich öffnete und ebendaselbst wieder geschlossen werden konnte. Das Verdienst der Erfindung eines solchen „Schliessnetzes", und zu-

---

1) Die vom Challenger verwendeten T a u n e t z e („Tow-Nets") waren die gewöhnlichen MÜLLER'sche n N e t z e (oder die „feinen pelagischen Netze" von JOHANNES MÜLLER); kegelförmige Säcke aus Müller-Gaze oder feinem Seiden-Mull, deren Oeffnung an einem kreisrunden Metall-Ring befestigt ist. Dieser Ring ist bei der gewöhnlichen pelagischen Fischerei an einem Stocke von 2—3 Meter Länge befestigt (ähnlich einem gewöhnlichen Schmetterlings-Netz). Die Oeffnung des Netzes wird, während die Barke sich langsam fortbewegt, so an die Oberfläche gehalten, dass die daselbst schwimmenden Seethiere in den Sack hineingerathen; sie bleiben im Grunde desselben hängen, während das Wasser durch die engen Maschen des Netzes hindurchtritt; indem man dann nach einiger Zeit das Netz vorsichtig umstülpt, wird der darin enthaltene Fang, oder der „p e l a g i s c h e A u f t r i e b" in ein mit Seewasser gefülltes Glasgefäss entleert. Will man unterhalb der Oberfläche fischen, so befestigt man den Netzring mittelst dreier, gleichweit von einander entfernter Stricke, die in einem Punkt (etwa 1 Meter von der Netzöffnung entfernt) zusammentreffen, in diesem Punkte an einem längeren Tau, welches man in bestimmten Abständen (den gewünschten Tiefen entsprechend) mit Gewichten beschwert. Indem MURRAY solchergestalt Taunetze an den Tiefsee-Lothleinen oder an den langen Leinen der Tiefsee-Dredschen befestigte, erhielt er zuerst die Bewohner der „intermediären Ocean-Zonen". Er konnte aber dabei nicht dem Einwand entgehen, dass der Inhalt dieser beständig offen bleibenden Taunetze aus sehr verschiedenen Tiefen, oder auch nur von der Oberfläche stammen könne. Denn beim Heraufziehen des offenen Taunetzes konnten möglicherweise Thiere aus den verschiedensten Tiefen-Zonen zufällig in dasselbe hineingelangen.

gleich seiner erfolgreichen Anwendung, gebührt zwei ausgezeichneten italiänischen Schiffs-Officieren. G. Palumbo, der Commandant der Kgl. italischen Kriegs-Corvette Vettor Pisani, construirte zuerst ein solches „pelagisches Schliessnetz" oder „bathygraphisches Zonen-Netz"; und Schiffs-Lieutenant Gaetano Chierchia, der während der dreijährigen Erdumsegelung des „Vettor Pisani" eine sehr werthvolle Sammlung von pelagischen Thieren schuf, wendete sofort das neue Schliessnetz mit glänzendem Erfolge, und bis zu einer Tiefe von 4000 Metern an (8, p. 83). Der erste Versuch, den Chierchia mit diesem „Tiefsee-Schliessnetz" anstellte, wurde am 5. Juni 1884 im Ost-Pacifischen Ocean ausgeführt, fast unter dem Aequator, 15° westlich von den Galopagos-Inseln. 14 Tage später, am 19. Juni, mitten zwischen den Galopagos- und Sandwich-Inseln, wurde das Schliessnetz bis zu 4000 Metern hinabgelassen. Bei diesen und vielen anderen Versuchen wurde von den italischen Schiffs-Officieren ein erstaunlicher Reichthum von neuen und interessanten Zonar-Thieren erbeutet, deren Beschreibung noch lange die Zoologen beschäftigen wird. Die Sammlungen, welche vom „Vettor Pisani" nach Neapel zurückgebracht wurden, gehören nächst denjenigen des „Challenger" zu den wichtigsten Materialien unseres Forschungs-Gebietes.

Einige Mängel, welche an dem Palumbo'schen Schliessnetze noch bestanden, wurden bald darauf beseitigt durch Verbesserungen, welche wir dem Ingenieur Petersen in Neapel und Professor Carl Chun in Breslau verdanken. Der Letztere stellte alsbald (1886) im Golfe von Neapel Versuche mit dem verbesserten Schliessnetze an, welche „einen geradezu staunenswerthen Reichthum von pelagischen Thieren in grösseren Tiefen kennen lehren und endgültig die Auffassung widerlegen, dass azoische Wasserschichten zwischen Oberfläche und Meeresgrund existiren" (15, p. 2). Chun fasst die allgemeinen Resultate seiner wichtigen bathypelagischen Untersuchungen in folgenden vier Sätzen zusammen:

„1) Die untersuchten Theile des Mittelmeeres zeigen sowohl an der Oberfläche wie in allen Tiefen bis zu 1400 Meter ein reiches pelagisches Thierleben.

2) Pelagische Thiere, welche während des Winters und Frühjahrs an der Oberfläche erscheinen, suchen mit Beginn des Sommers die Tiefe auf.

3) In grösseren Tiefen kommen pelagische Thiere vor, die

bisher an der Oberfläche selten oder noch gar nicht beobachtet wurden.

4) Eine Anzahl pelagischer Thiere verbleibt auch während des Sommers an der Oberfläche und steigt nie in „die Tiefe" (15, p. 44).

In den daran angeknüpften Bemerkungen, welche Chun über die verticale Verbreitung der pelagischen Fauna und den erstaunlichen Plankton-Reichthum der Tiefen des Meeres (in 1000—2000 Meter) macht, wirft er mit Recht die Frage auf: „Wer weiss, ob nicht im Laufe der Zeit unsere Anschauungen einem völligen Umschwung entgegen gehen, und ob nicht gerade die Tiefe als der eigentliche Mutterboden pelagischen Thierlebens sich herausstellt, von dem zeitweilig Schwärme sowohl an die Oberfläche wie auf den Meeresgrund entsendet werden! Nur wenige Formen sind es ja, die so vollständig den wechselnden Existenzbedingungen an der Oberfläche sich anpassten, dass sie nicht mehr die tieferen Schichten aufsuchen" (15, p. 49). In Folge seiner Beobachtungen über das periodische Auf- und Absteigen pelagischer Thiere kann sich Chun „des Eindrucks nicht erwehren, dass bei der Massenhaftigkeit des Thierlebens in der Tiefe die Oberflächen-Fauna gewissermaassen nur eine Avantgarde des Gros repräsentirt, die bald verstärkt, bald verringert, gelegentlich völlig in geschützte Regionen sich zurückzieht. — Die Thatsachen sprechen deutlich dafür, dass vor Allem der Wechsel der Temperatur die periodischen Wanderungen pelagischer Thiere in verticaler Richtung bedingt. Nur wenige pelagische Thiergruppen vermögen die hohe Temperatur des Oberflächenwassers während des Sommers zu ertragen; die meisten entziehen sich der Einwirkung derselben durch das Niedersinken, und endlich existiren ganze Gruppen, welche ihr Leben in den kühlen tiefen Regionen verbringen, ohne je an die Oberfläche aufzusteigen" (15, p. 54).

Die allgemeinen Anschauungen, welche Chun durch diese bathypelagischen Untersuchungen im Mittelmeere gewonnen hatte, konnte er für den Atlantischen Ocean bestätigen auf einer Reise, welche er im Winter 1887/88 nach den Canarischen Inseln unternahm (16, p. 31). Er machte dabei die Beobachtung, dass die periodischen Wanderungen der pelagischen Thiere in verticaler Richtung auch durch die Meeres-Strömungen (sowohl an der Oberfläche als in der Tiefe) in hohem Maasse beeinflusst werden, und dass dabei unter Anderem auch der Eintritt des Vollmondes eine bedeutende Wirkung ausübt (16, p. 32). Die speciellen Beobachtungen von Chun im Meere von Orotava über die relative Armuth des canarischen Plankton im November und December und das plötzliche Auftauchen grosser Massen und vieler Arten von pelagischen Thieren im Januar und Februar stimmen ganz mit den Wahrnehmungen überein, welche ich selbst 20 Jahre früher auf der canarischen Insel Lanzarote gemacht hatte. Auch in Bezug auf die allgemeinen Anschauungen über die Chorologie des Plankton stimme ich Chun vollkommen bei und halte seine Untersuchungen über die pelagische Thierwelt in grösseren Meerestiefen und ihre Beziehungen zu der Oberflächen-Fauna für die wichtigste Bereicherung, welche die Planktologie nach den bahnbrechenden Entdeckungen des „Challenger" und des „Vettor Pisani" erhalten hat.

Ganz neue Gesichtspunkte und Methoden sind in die pelagische Biologie seit drei Jahren durch Dr. Victor Hensen, Professor der Physiologie in Kiel eingeführt worden (9 und 22). Derselbe hatte seit einer Reihe von Jahren die Lebensverhältnisse der Fauna und Flora der Kieler Bucht eingehend studirt und war als Mitglied der „Commission zur wissenschaftlichen Untersuchung der deutschen Meere" (in Kiel) namentlich bemüht, die Stärke und Ausdehnung der dortigen Fischerei festzustellen, und „durch Zählung der treibenden Fischeier eine Vorstellung über die Menge der, auf dem entsprechenden Gebiete befindlichen Fische, ein annäherndes Urtheil zu gewinnen" (9, p. 2). Diese Untersuchungen führten ihn zu der „Ueberzeugung, dass es nothwendig und möglich sei, der Urnahrung der Meeresthiere näher zu treten, und diese quantitativ zu bestimmen". Zur Lösung dieser Aufgabe erfand Hensen eine neue mathematische Methodik (p. 2, 33), construirte ein neues pelagisches Netz (p. 3) und unternahm im Juli 1884, in Gesellschaft von drei anderen Kieler Naturforschern, eine neuntägige Excursion in die Nordsee und den Atlantischen Ocean, welche bis zu den Hebriden und zur Golfstrom-Trift (57° 42' N. Br.) ausgedehnt wurde (p. 30).

Die Resultate dieser Untersuchungen hat Hensen 1887 in einer umfangreichen, mit vielen langen Zahlen-Tabellen ausgestatteten Arbeit publicirt: „Ueber die Bestimmung des Planktons, oder des im Meere treibenden Materials an Pflanzen und Thieren" (9). Die Bezeichnung „Plankton" setzte er an die Stelle des bisher gebräuchlichen Wortes „Auftrieb", „weil dieser Name nicht genügend umfassend und bequem ist" (9, p. 1). Allerdings ist die deutsche Bezeichnung „Auftrieb" oder „pelagischer Mulder", welche Johannes Müller vor vierzig Jahren einführte, allgemein gebräuchlich geworden, und auch in englischen, tranzösischen und italiänischen Werken neuerdings vielfach angewendet. Indessen stimme ich Hensen darin bei, dass bei diesen, wie bei anderen wissenschaftlichen Begriffen, ein griechischer, leichter Flexion fähiger Terminus technicus vorzuziehen ist. Ich behalte also im Folgenden den Ausdruck Plankton statt „Auftrieb" bei und bilde daraus das Adjectivum planktonisch. Die ganze Wissenschaft, welche dieses wichtige Gebiet der Biologie behandelt, lässt sich füglich als Planktologie bezeichnen.

Als die Hauptaufgabe der Planktologie, vom physiologischen Gesichtspunkte aus, betrachtet Hensen die mathematische Bestimmung des Plankton, durch welche er die wichtige, bisher sehr wenig untersuchte Frage vom „Stoffwechsel des Meeres" zu lösen hofft. Um deren Lösung näher zu treten und zugleich seine neue Methodik in grösserem Maassstabe zu erproben, veranstaltete Hensen im Sommer 1889 eine grössere Expedition in den Atlantischen Ocean, welche in ausserordentlicher Weise durch die deutsche Reichsregierung und durch die Berliner Akademie der Wissenschaften unterstützt wurde. Der deutsche Kaiser spendete 70 000 Mark; die Berliner Akademie gab aus den Ersparnissen der Humboldt-Stiftung 24 600 Mk., und durch weitere Beiträge wurde die gesammte, der Expedition zur Verfügung gestellte Summe auf 105 600 Mk. erhöht; — eine Summe, wie sie bisher in Deutschland noch niemals für eine biologische Expedition flüssig gemacht worden war. Der neue Kieler Schraubendampfer „National" wurde für drei Monate gechartert und „mit allen wünschenswerthen Einrichtungen für Planktonfang, Tiefsee-Fischerei und Lothung" ausgestattet. Ausser dem Leiter der Expedition, Professor Hensen, nahmen noch fünf Naturforscher an derselben Theil, die Zoologen Brandt und Dahl, der Botaniker Schütt, der Bacteriologe Fischer, der Geograph Krümmel; ferner der Marine-Maler Richard Eschke. Die Fahrt des „National", unter Commando des Capitain Heeckt, dauerte (den Landaufenthalt abgerechnet) 93 Tage (vom 7. Juli bis 15. November), ging zunächst westwärts durch den Nord-Atlantischen Ocean (Golfstrom, Sargassomeer), dann südwärts (Bermudas, Cap Verden, Ascension), hierauf nach Brasilien, und ostwärts zurück über die Azoren. Während dieser Fahrt wurden 400 Fänge gemacht (140 Züge mit dem Plankton-Netze, 260 Fänge mit anderen Netzen).

Unsere deutsche Marine hat bekanntlich für naturwissenschaftliche, und besonders für biologische Untersuchungen bisher sehr wenig geleistet; viel weniger als die Marinen von England,

Frankreich, Italien, Oesterreich und den Vereinigten Staaten von Nord-Amerika. Die hervorragenden Verdienste, welche sich viele ausgezeichnete deutsche Zoologen seit einem halben Jahrhundert um die Förderung der marinen Biologie erworben haben, sind meistens ohne alle staatliche Unterstützung gewonnen worden; die deutschen Regierungen haben bisher gerade für diesen Zweig der Naturwissenschaft sehr wenig Mittel übrig gehabt. Um so grösser war im vorigen Jahre allgemein die Befriedigung, als durch die liberale Ausstattung der Kieler Plankton-Expedition der erste Schritt gethan wurde, in grösserem Maassstabe und mit reicheren Hülfsmitteln die Biologie des Oceans zu fördern, und den Erfolgen, welche der englische „Challenger", der italiänische „Vettor Pisani" auf diesem Gebiete neuerdings errungen hatten, nachzueifern.

Ueber die Ergebnisse der Kieler Plankton-Expedition liegen nunmehr Berichte vor von VICTOR HENSEN (22), KARL BRANDT (23), E. DU BOIS-REYMOND (21) und KRÜMMEL. Der wesentliche Inhalt dieser Berichte ist im Laufe dieses Jahres vielfach in den deutschen Zeitungen wiedergegeben und besprochen worden, allgemein in dem Sinne, dass das vorgesetzte Ziel erreicht und die wichtigsten Fragen der Plankton-Forschung glücklich gelöst worden seien. Ich muss sehr bedauern, diesem allgemein günstigen Urtheile nicht beistimmen zu können. Erstens mache ich zunächst darauf aufmerksam, dass die wichtigsten allgemeinen Resultate, welche die Kieler Expedition über die Zusammensetzung und Verbreitung des Plankton im Ocean erlangt hat, zu allen bisherigen Erfahrungen in schneidendem Widerspruch stehen — entweder diese oder jene sind falsch. Zweitens scheint es mir, dass HENSEN auf Grund von höchst ungenügenden Erfahrungen eine Anzahl von weitreichenden irrthümlichen Schlüssen unvorsichtig gezogen hat. Drittens endlich bin ich überzeugt, dass die ganze von HENSEN angewendete Methode zur Bestimmung des Plankton völlig nutzlos ist, und dass die daraus gezogenen allgemeinen Schlüsse nicht allein falsch sind, sondern auch ein ganz unrichtiges Licht auf die wichtigsten Probleme der pelagischen Biologie werfen. Bevor ich dieses abfällige Urtheil begründe, sei es mir gestattet, über meinen eigenen Plankton-Studien und deren Ergebnisse zu berichten.

II. Eigene Plankton-Studien.

Meine eigenen Untersuchungen über die Organismen des
Plankton wurden vor 36 Jahren begonnen, als ich in der Nordsee
den wunderbaren Reichthum der marinen Fauna und Flora zuerst
aus eigener Anschauung kennen lernte. Einer gütigen Aufforderung
meines unvergesslichen Lehrers Johannes Müller folgend, be-
gleitete ich denselben im Herbst 1854 auf einer Ferienreise nach
Helgoland, und wurde von ihm persönlich in die Methode der
Plankton-Fischerei und die Untersuchung der pelagischen Fauna
eingeführt. Niemals werde ich das Erstaunen vergessen, mit dem
ich zum ersten Male das Gewimmel der pelagischen Glasthiere
bewunderte, die Müller durch Umstülpen seines „feinen Netzes"
in ein Glasgefäss mit Seewasser entleerte; dieses bunte Durcheinander von zierlichen Medusen und schillernden Ctenophoren,
von pfeilschnellen Sagitten und schlangenartigen Tomopteris, diese
Massen von Copepoden und Schizopoden, von pelagischen Larven
der Würmer und Echinodermen. Da ich während des August und
September meinen hochverehrten Meister täglich auf seinen Bootsfahrten begleiten durfte, und über alle Verhältnisse des reichen
Plankton-Fanges von ihm sofort die sachkundigste Belehrung
empfing, gelang es mir verhältnissmässig rasch, in die Geheimnisse
dieser wunderbaren neuen Welt einzudringen. Ich muss hier der
mächtigen, von dem Begründer der Plankton-Forschung gewährten
Anregung und Unterweisung um so dankbarer gedenken, als sie
für mein ganzes späteres Leben dauernde Einwirkung ausgeübt
und mir das nachhaltigste Interesse für diesen Zweig der Biologie
eingeflösst hat [1]).

Zwei Jahre später (im August und September 1856) folgte
ich von Würzburg aus einer freundlichen Aufforderung meines
verehrten Lehrers A. Kölliker ihn nach Nizza zu begleiten, und
lernte unter seiner trefflichen Leitung die zoologischen Schätze
des Mittelmeeres kennen. Im Vereine mit Heinrich Müller und

---

1) Als ich damals in Helgoland, als zwanzigjähriger Student, zum
ersten Male die Wunder des Plankton mit dem Mikroskope untersuchte, und Johannes Müller sich über die Sorgfalt und Geduld
freute, mit der sein eifriger Schüler die reizenden Formen der Medusen und Ctenophoren zu zeichnen versuchte, sprach er die mir unvergesslichen Worte: „Da können Sie noch Viel thun; und wenn Sie
erst recht in diese pelagische Zauberwelt hineinkommen, werden Sie
bald sehen, dass man nicht wieder davon los kommen kann."

K. KUPFFER untersuchten wir insbesondere die reiche pelagische Thierwelt, welche die schöne Bucht von Villafranca bevölkert. Da begegnete ich zum ersten Male jenen wunderbaren Gestalten der pelagischen Fauna, welche den Classen der Siphonophoren, Pteropoden und Heteropoden angehören; auch sah ich dort zum ersten Male lebende Polycyttarien, Acanthometren und Polycystinen, jene phantastischen Gestalten der Radiolarien, deren Studium mich später so viele Jahre in Anspruch nahm. JOHANNES MÜLLER, der gleichzeitig in Nizza war, und gerade damals seine specielle Untersuchung dieser letzteren begonnen hatte, machte mich auf die vielen und wichtigen Fragen aufmerksam, welche die Naturgeschichte dieser räthselhaften mikroskopischen Organismen noch darbietet.

Diese Anregungen, deren ich hier dankbarst gedenke, wirkten nach, als ich einige Jahre später nach Italien ging und ein volles Jahr hindurch die pelagische Fischerei an der Mittelmeer-Küste fortsetzte. Während des Sommers 1859, in Neapel und auf Capri, war ich bestrebt, möglichst vielseitig die marine Fauna kennen zu lernen; im folgenden Winter, in Messina, concentrirte ich bald mein ganzes Interesse auf die Erforschung der Radiolarien, und gewann so das Material, welches meiner Monographie dieser Classe (1862) zu Grunde lag. Nebenbei jedoch wurde ich, durch die täglich im Hafen von Messina unternommenen Bootsfahrten, mit der ganzen Formenfülle der pelagischen Fauna bekannt, die an dieser classischen Stätte der Plankton-Forschung, in Folge des Zusammentreffens ungewöhnlich günstiger Verhältnisse, weit reicher ist und der Untersuchung weit günstigere Verhältnisse darbietet, als an allen anderen Punkten des Mittelmeeres (3, p. V, 25, 166, 170).

Seit jener Zeit, ein volles Menschenalter hindurch, ist das Studium des Plankton eine meiner liebsten Beschäftigungen geblieben, und ich habe ungern ein Jahr vergehen lassen, ohne die Meeresküste aufzusuchen und mit dem pelagischen Netze mir neues Arbeits-Material zu verschaffen. Besondere Veranlassung dazu boten mir immer wieder einerseits die Radiolarien, anderseits die Medusen und Siphonophoren, auf welche ich 1864 in Nizza schon mein besonderes Augenmerk gerichtet hatte; die Ergebnisse dieser Studien sind in meinen Monographien dieser beiden Classen (1879—1888) niedergelegt. Im Laufe dieser drei Decennien habe ich nach und nach sämmtliche Küsten des Mittelmeeres und ihre Fauna kennen gelernt. Ein Verzeichniss der zahlreichen von mir besuchten Orte habe ich bereits 1879 im Vorwort zu meinem „System der

Medusen" (p. XVI) gegeben. Ausserhalb des Mittelmeeres habe ich
meine Plankton-Studien fortgesetzt an der Westküste von Norwegen
(1869), an der atlantischen Küste von Frankreich (1878), an
den britischen Küsten (1876 und 1879), auf den canarischen Inseln
(1866/67), im Rothen Meere (1873), und im Indischen Ocean
(1881/82).

Die weitaus reichste pelagische Ausbeute und den tiefsten Einblick in die Biologie des Plankton gewährte mir unter allen diesen
Reisen der dreimonatliche Aufenthalt in Puerto del Arrecife, der
Hafenstadt der canarischen Insel Lanzarote (im December 1866,
Januar und Februar 1867). Die pelagische Fauna ist in diesem
Theile des Atlantischen Oceans so reich an Gattungen und Arten,
die Masse des Plankton erscheint in den wunderbaren „Thierstrassen" oder „Zain"-Correnten (18, p. 309) hier täglich in so
fabelhafter Menge, und die örtlichen Gelegenheiten ihrer Erforschung
sind so günstig, dass mir Lanzarote eine grössere Ausbeute an
Plankton geliefert hat, als alle anderen von mir besuchten Punkte
(nur vielleicht das reiche Messina ausgenommen). Täglich verschaffte
das pelagische Netz mir und meinen Begleitern (Prof. RICHARD
GREEFF, und meinen beiden Schülern, N. MIKLUCHO-MACLAY und
H. FOL) solche Massen von werthvollem „Auftrieb", dass wir nur
den geringsten Theil desselben verarbeiten konnten. Ich hatte
damals mein Hauptinteresse auf die Medusen und Siphonophoren
concentrirt, und ein grosser Theil des neuen Materials, das in
meinen Monographien dieser beiden Classen verarbeitet ist, wurde
in Lanzarote gesammelt; die Beobachtungen „Zur Entwickelungsgeschichte der Siphonophoren" (1869) wurden ausschliesslich dort
angestellt.

Die Excursion nach den Korallenbänken des Rothen Meeres
(1873), welche in meinen „Arabischen Korallen" erzählt ist, und
die Reise nach Ceylon, über welche ich in meinen „Indischen
Reisebriefen" (1882) berichtet habe, wurden für mich desshalb
äusserst werthvoll, weil ich dadurch einen Einblick in die Wunder-
Welt der indischen Fauna und Flora gewann. Sowohl auf der
Hinreise von Suez nach Bombay (im November 1881), als auf der
Rückreise von Colombo nach Aden (im März 1882) konnte ich
interessante Beobachtungen über die pelagische Fauna des Indischen Oceans anstellen; ganz besonders aber während eines
sechswöchentlichen Aufenthaltes in Belligemma, und auf den pelagischen Excursionen, die ich von dort aus unternahm. Ich gewann
dadurch ein lebendiges Bild von der oceanischen und neritischen

Fauna des indo-pacifischen Gebietes, welche sich in so vielen Beziehungen von derjenigen des atlantisch-mediterranen Gebietes unterscheidet. Die speciellen Ergebnisse meiner dort gewonnenen Erfahrungen sind grösstentheils mit freundlicher Zustimmung von Dr. John Murray in meinen „Report on the Radiolaria (1887) and on the Siphonophorae (1888)" aufgenommen, welche Part XVIII und Part XXVIII des Challenger-Report bilden. Diese beiden monographischen Reports enthalten auch ausserdem viele Beobachtungen über Plankton, welche ich auf früheren Reisen angestellt und bis dahin nicht publicirt hatte.

Die ausgedehnten Erfahrungen, welche ich mir so durch eigene Beobachtung des lebenden Plankton während eines Zeitraumes von drei Decennien erworben hatte, erfuhren eine höchst werthvolle Ergänzung durch die Untersuchung grosser und gut conservirter Plankton-Sammlungen, welche mir von zwei verschiedenen Seiten zur Disposition gestellt wurden, vom Capitän Rabbe in Bremen und von der „Challenger"-Direction in Edinburgh. Capitain Heinrich Rabbe überliess mir mit grösster Liberalität die werthvollen Sammlungen von pelagischen Thieren, welche er auf drei verschiedenen Reisen (mit dem Bremer Schiffe „Joseph Haydn") im Atlantischen, Indischen und Pacifischen Ocean zusammengebracht und nach meiner Anweisung, unter Anwendung der neueren Methoden, vorzüglich conservirt hatte. Dieses ausserordentlich reiche und werthvolle Material, in zahlreiche Flaschen vertheilt, umfasst Plankton-Fänge aus den verschiedensten Localitäten der drei Oceane, hauptsächlich der südlichen Erdhälfte; es giebt in ähnlicher Weise (wenn auch in kleinerem Maassstabe) eine vollständige Uebersicht über die Mannichfaltigkeit der Plankton-Bildung und die Unterschiede ihrer Zusammensetzung, wie die viel ausgedehntere Sammlung des „Challenger"; die Rabbe'sche Sammlung ergänzt zugleich die letztere in willkommenster Weise, da der Curs des „Challenger" südwärts vom Indischen Ocean durch das Gebiet des Antarktischen Oceans ging, und zwischen dem Cap der guten Hoffnung und Melbourne sich stets südlich vom 40° S. Br. hielt. Der Curs des „Joseph Haydn" hingegen ging auf wiederholten Reisen durch den Indischen Ocean viel nördlicher und berührte (zwischen Madagascar, den Cocos-Inseln und Sumatra) eine Anzahl von Punkten, auf denen das pelagische Netz einen sehr reichen und eigenthümlich zusammengesetzten Auftrieb erzielte. Ich hoffe, die speciellen Resultate, welche ich durch die Untersuchung der Rabbe'schen Plankton-Sammlungen erhalten habe, unter Benutzung

des vortrefflichen Tagebuchs, welches Capitain RABBE über seine
Beobachtungen führte, bald ausführlich publiciren zu können. Die
Funde von neuen Radiolarien, Medusen und Siphonophoren, welche
ich denselben verdanke, sind bereits in meinen monographischen
Bearbeitungen dieser drei Klassen, im Challenger-Report, mitgetheilt, und ich habe in dem Vorwort zu diesen Werken nicht
unterlassen, Herrn Capitain HEINRICH RABBE meinen gebührenden
Dank für seine äusserst werthvolle Unterstützung auszusprechen.
Von allen Expeditionen, welche bisher zur Erforschung der
Biologie des Oceans ausgesandt wurden, ist ohne Zweifel diejenige
des „Challenger" die bei weitem grossartigste und frucht-
barste, und ich erkenne es mit besonderem Danke an, dass mir
vergönnt war, an der Ausarbeitung ihres wundervollen Materials
mich volle zwölf Jahre hindurch zu betheiligen. Als ich nach der
Rückkehr der Challenger-Expedition von deren Leiter, Sir WYVILLE
THOMSON (im Herbst 1876, in Edinburgh) die ehrenvolle Aufforderung erhielt, die ausgedehnte Radiolarien-Sammlung derselben
zu bearbeiten, glaubte ich, nach flüchtiger Uebersicht über deren
Schätze, im Laufe von drei bis fünf Jahren ihre Untersuchung aus-
führen zu können. Allein je weiter ich in der Untersuchung vor-
schritt, desto unermesslicher dehnte sich das neue Formen-Gebiet
vor mir aus, vergleichbar dem gestirnten Himmel (4, p. XV). Es
dauerte ein volles Decennium, bis ich den Report on the Radiolaria (Part XVIII) vollendet hatte. Daran schlossen sich dann
noch drei andere Reports, über die vom „Challenger" gesammelten
Tiefsee-Hornschwämme (Part LXXXII), Tiefsee-Medusen (Part XII)
und Siphonophoren (Part XXVIII). Die vergleichende Untersuchung
dieser unglaublich reichen Plankton-Schätze war aber nicht nur
desshalb höchst interessant und lehrreich, weil sie eine Fülle von
neuen Organisations-Formen aus den betreffenden Thier-Klassen zu
Tage förderte; sondern auch namentlich desshalb, weil sie meine
allgemeinen Anschauungen über die Bildung, Zusammensetzung und
Bedeutung des Plankton wesentlich bereicherte und vervollständigte.
Für die hochherzige Liberalität, mit der mir dieselben von Sir
WYVILLE THOMSON, und nach dessen vorzeitigem Tode (1882) von
seinem Nachfolger, Dr. JOHN MURRAY, zur vollen Disposition gestellt wurden, bin ich beiden Herren zum lebhaftesten Danke verpflichtet.

Ein Verzeichniss der 168 Beobachtungs-Stationen der Challenger-Expedition, deren Grundproben, Plankton-Ergebnisse und
Oberflächen-Präparate ich untersuchen konnte, habe ich in § 240

des Reports on the Radiolaria gegeben (4, p. CLX). Die Zahl
der untersuchten Flaschen, welche Plankton in Weingeist (aus
allen Theilen des Oceans) enthalten, beläuft sich auf mehr als
hundert. Dazu kommt noch eine grosse Anzahl von „wundervollen
Präparaten, welche Dr. John Murray auf den verschiedenen Beobachtungs-Stationen der Reise an Ort und Stelle angefertigt, mit
Carmin gefärbt und in Canada-Balsam eingeschlossen hatte. Ein
einziges solches Präparat (z. B. von Station 271) enthielt oft 20
bis 30, bisweilen selbst über 50 neue Arten. Da das Material für
diese Präparate mittelst des Taunetzes nicht allein von der Oberfläche aller vom „Challenger" besuchten Meerestheile, sondern auch
aus verschiedenen Tiefenzonen entnommen wurde, liefern dieselben
werthvolle Aufschlüsse sowohl für die Morphologie, als auch für
die Physiologie und Chorologie. Viele neue Entdeckungen verdanke ich dem Studium solcher Stations-Präparate; ich konnte
deren gegen tausend untersuchen" (4, p. 16).

Wenn ich mir erlaube, hier diese Mittheilungen über die Entwickelung und Ausdehnung meiner eigenen Plankton-Studien ein-
zuflechten, so geschieht es, weil ich mich dazu verpflichtet fühle
durch die nachfolgende zusammenfassende Darstellung ihrer Ergebnisse. Ich bin jetzt ausser Stande, alle einzelnen Belege dafür
mitzutheilen, und muss mir die eingehende Verwerthung der wichtigsten Beobachtungs-Reihen für eine spätere ausführlichere Arbeit
vorbehalten. Da ich aber zu meinem Bedauern genöthigt bin, den
weitreichenden, neuerdings von Hensen aufgestellten Behauptungen
(22) meinerseits entschiedenen Widerspruch entgegenzusetzen, so
kann ich diesen zunächst nur damit begründen und entschuldigen,
dass ich mich auf meine vieljährigen und ausgedehnten Erfahrungen
berufe. Ich glaube nicht in der Annahme zu irren, dass ich unter
den lebenden Naturforschern Einer von denjenigen bin, die sich
durch eigene ausdauernde Untersuchung an Ort und Stelle mit
den Verhältnissen des Plankton am genauesten bekannt gemacht
und am tiefsten in diese verwickelten Probleme der marinen Biologie hineingearbeitet haben. Wenn ich nicht so viele Jahre hindurch dieselben fortwährend im Auge behalten, und bei jedem
neuen Besuche des Meeres sie von Neuem in Angriff genommen
hätte, würde ich nicht wagen, die im Folgenden aufgestellten
Behauptungen mit solcher Bestimmtheit zu vertreten, wie es hier
geschieht.

III. Chorologische Begriffe.

Die Wissenschaft von der Verbreitung und Vertheilung des organischen Lebens im Meere — die m a r i n e C h o r o l o g i e — hat in den letzten Decennien erstaunliche Fortschritte gemacht. Dennoch steht dieser neue Zweig der Biologie weit zurück hinter der nächstverwandten t e r r e s t r i s c h e n C h o r o l o g i e, der Topographie und Geographie der landbewohnenden Organismen. Wir besitzen noch kein einziges Werk, welches die Chorologie der Seepflanzen und Seethiere in ähnlicher Weise zusammenfassend und übersichtlich behandelte, wie dies für die Landpflanzen in GRIESEBACH's „Vegetation der Erde" (1872), für die Landthiere in WALLACE's „Geographischer Verbreitung der Thiere" (1876) geschehen ist.

Wie viel hier noch zu thun ist, zeigt schon die Thatsache, dass nicht einmal die einfachsten Grundbegriffe der marinen Chorologie festgestellt sind. Um nur ein Beispiel anzuführen, so wird einer der wichtigsten Begriffe unseres Gegenstandes, derjenige der p e l a g i s c h e n Fauna und Flora, schon jetzt i n d r e i f a c h v e r s c h i e d e n e m S i n n e angewendet. Ursprünglich, und durch mehrere Decennien, wurde dieser Begriff nur im Sinne von JOHANNES MÜLLER gebraucht, für die Thiere und Pflanzen, welche an der M e e r e s - O b e r f l ä c h e schwimmend gefunden werden. Dann wurde der Begriff auch auf die ganz verschiedene Thier- und Pflanzen-Welt übertragen, welche an der Oberfläche der S ü s s - w a s s e r - Becken gefunden wird; so stellt z. B. A. WEISMANN in seinem Vortrage über „Das Thierleben im Bodensee" (1877) die am Ufer lebende Thierwelt gegenüber der „pelagischen oder See-Gesellschaft, welche sich im freien See aufhält". In einem dritten, ganz verschiedenen Sinne hat neuerdings CHUN (1887) den Begriff des pelagischen Thierlebens erweitert, indem er ihn von der Ober-fläche des Oceans hinab bis zu den grössten Meeres-T i e f e n ausdehnt (15, p. 45). In diesem Sinne fällt der Begriff der pela-gischen Organismen ungefähr mit dem „Plankton" von HENSEN zusammen.

Welche Verwirrung durch die verschiedenartige Verwendung solcher Grundbegriffe entstehen muss, liegt auf der Hand, und ist bereits durch die Erfahrung bestätigt. Unter diesen Umständen scheint es mir unvermeidlich, hier einen Versuch zur Klärung der-selben zu unternehmen, und wenigstens die wichtigsten Grundbegriffe der marinen Chorologie festzustellen. Ich werde mich dabei möglichst an denjenigen Sprachgebrauch halten, welcher von der Mehrzahl der besseren Autoren angenommen ist.

Marine Flora und Fauna.

Da die alte Streitfrage von der „Grenze des Thier- und Pflanzen-Reichs" bei den „Plankton-Studien" auf's Neue in den Vordergrund tritt, müssen hier zunächst einige Worte zu deren Erledigung vorausgeschickt werden. Denn gerade im Plankton spielen diejenigen, grösstentheils mikroskopischen Organismen eine Hauptrolle, welche auf jener Grenze stehen, und welche man als Vertreter eines neutralen „Protistenreiches" ansehen kann: die einzelligen Diatomeen und Murracyteen, Dictyocheen und Palmellarien, Thalamophoren und Radiolarien, Dinoflagellaten und Cystoflagellaten. Da noch heute nicht selten behauptet wird, dass es zur Beantwortung jener Grenzfrage neuer Untersuchungen, „exacter Beobachtungen und Experimente" bedürfe, muss ich hier die entgegengesetzte Anschauung vertreten, dass nicht auf diesem empirischen und inductiven Wege die gewünschte Antwort zu erlangen ist, sondern nur auf dem philosophischen und deductiven Wege logischer Begriffs-Bestimmung. Entweder benutzt man als maassgebenden Unterschied der beiden grossen organischen Reiche den physiologischen Gegensatz des Stoffwechsels, und nennt also „Pflanzen" alle „Reductions-Organismen" (mit chemisch-synthetischer Function), und „Thiere" alle „Oxydations-Organismen" (mit chemisch-analytischer Function) — oder man legt grösseres Gewicht auf den morphologischen Gegensatz des Körperbaues und stellt die einzelligen „Protisten" (ohne Gewebe) gegenüber den vielzelligen „Histonen" (mit Geweben)[1]. Für unsere hier vorliegende Aufgabe, und mit besonderer Rücksicht auf die wichtige Frage von der „Urnahrung" und dem Stoffwechsel des Meeres, ist es hier zweckmässiger, den ersteren Weg einzuschlagen: ich betrachte also hier als Protophyta die Diatomeen, Murracyteen und Dinoflagellaten; als Protozoa die Thalamophoren, Radiolarien und Cystoflagellaten.

1) Protisten und Histonen können dann Beide wieder auf Grund des verschiedenen Stoffwechsels in eine vegetale und eine animale Gruppe eingetheilt werden, die Protisten in *Protophyta* und *Protozoa*, die Histonen in *Metaphyta* und *Metazoa*. Vergl. hierüber die VIII. Aufl. meiner „Natürlichen Schöpfungsgeschichte", 1889, S. 420 und 453.

Um die Gesammtheit der marinen Flora und Fauna mit einem Begriffe zu bezeichnen, dürfte der Ausdruck H a l o b i o s passend sein, im Gegensatze zu L i m n o b i o s, der Organismen-Welt des süssen Wassers, und zu G e o b i o s, als der Gesammtheit der landbewohnenden oder terrestrischen Pflanzen- und Thierwelt. Unter dem Begriffe B i o s fasste ja bereits der Vater der Naturgeschichte, ARISTOTELES, die gesammte „Welt der Lebendigen" zusammen, im Gegensatze zur leblosen Natur, dem A b i o n. Der Begriff der B i o l o g i e sollte daher auch immer nur in umfassendstem Sinne verwendet werden, für die gesammte organische Naturwissenschaft, im Gegensatze zur anorganischen, der Abiologie. In diesem Sinne sind also einerseits Zoologie und Botanik, andererseits Morphologie und Physiologie, nur untergeordnete Theile der Biologie, der Gesammt-Wissenschaft von den Organismen. Wenn auch heute noch nicht selten (— besonders in Deutschland —) der Begriff der Biologie in viel engerem Sinne, statt O e c o l o g i e gebraucht wird, so führt diese Beschränkung zu Missverständnissen. Ich bemerke dies hier nur desshalb, weil gerade in der Planktologie die interessanten und verwickelten Lebensbeziehungen der pelagischen Organismen, ihre Lebensweise und Oeconomie, häufig als biologische — statt öcologische — Probleme bezeichnet werden [1]).

Plankton und Benthos.

Wenn wir unter dem Begriffe des H a l o b i o s die Gesammtheit aller im Meere lebenden Organismen zusammenfassen, so zerfällt diese zunächst in öcologischer Beziehung in zwei grosse Hauptgruppen, in Benthos und Plankton. B e n t h o s [2]) nenne ich, im Gegensatze zum Plankton, a l l e   n i c h t   s c h w i m m e n d e n O r g a n i s m e n   d e s   M e e r e s, also alle Thiere und Pflanzen, welche auf dem Grunde des Meeres sich aufhalten, entweder festsitzend (s e s s i l e), oder der freien Ortsbewegung fähig, kriechend oder laufend (v a g i l e). Der grosse öcologische Gegensatz, der in der gesammten Lebensweise und der daran angepassten Ge-

---

1) Die Begriffe der B i o l o g i e und O e c o l o g i e sollten besonders desshalb nicht verwechselt werden, weil die letztere nur einen Theil der Physiologie bildet. Vergl. hierüber meine Generelle Morphologie, 1866, Bd. I, p. 8, 21; Bd. II, p. 286; ferner meinen Vortrag „Ueber Entwickelungsgang und Aufgabe der Zoologie" (Jena, Zeitschr. für Med. u. Nat., Bd. V, 1870; Ges. pop. Vortr. II, 1).

2) βένθος, τό; der Boden des Oceans; D e r i v a t. die darauf lebenden Organismen.

staltung zwischen den benthonischen und planktonischen Organismen existirt, rechtfertigt diese begriffliche Unterscheidung, wenn
auch eine scharfe Grenze hier ebensowenig, wie anderswo zu ziehen
ist. Das Benthos selbst kann dann wieder eingetheilt werden in
littorales und abyssales. Das Littoral-Benthos umfasst die
sessilen und vagilen Seethiere der Küsten, sowie alle am Meeresboden befestigten Pflanzen; das Abyssal-Benthos hingegen
enthält alle festsitzenden oder kriechenden (aber nicht schwimmenden) Thiere der Tiefsee. Obwohl der morphologische Gesammt-
Character des Benthos, entsprechend den physiologischen Eigenthümlichkeiten der Lebensweise, von demjenigen des Plankton sehr
verschieden ist, so stehen doch beide Hauptgruppen des Halobios
zu einander in vielfachen und innigen Wechselbeziehungen. Zum
Theil sind diese Beziehungen nur phylogenetischer, zum Theil
aber auch noch heute ontogenetischer Natur, wie z. B. der Generationswechsel der benthonischen Polypen und der planktonischen
Medusen. Die Anpassung der marinen Organismen an die Lebensweise und die dadurch bedingte Organisation kann in beiden
Hauptgruppen primär oder secundär sein. Diese und andere Beziehungen derselben, sowie die allgemeinen Character-Züge der
pelagischen Fauna und Flora sind von Frens (12) und Moseley (7)
bereits eingehend erörtert worden.

Plankton und Nekton.

Der Begriff des Plankton selbst kann in weiterem und engerem
Sinne gefasst werden; entweder versteht man darunter alle im
Meere schwimmenden Organismen, die passiv treibenden und die
activ schwimmenden, oder man schliesst diese letzteren davon aus.
Hensen versteht unter Plankton „Alles, was im Wasser treibt, einerlei
ob hoch oder tief, ob todt oder lebendig. Das Entscheidende ist,
ob die Thiere willenlos mit dem Wasser treiben, oder ob sie einen
gewissen Grad der Selbständigkeit dieser Triebkraft gegenüber
bewahren? Die Fische gehören daher höchstens in der Form von
Eiern und Brut zum Plankton, aber nicht als erwachsene Thiere; die
Copepoden, obgleich lebhaft schwimmend, werden doch willenlos mit
dem Wasser fortgerissen, und müssen daher zum Plankton gerechnet
werden" (9, p. 1). Wenn man in dieser Weise mit Hensen den Begriff des Plankton beschränkt, so muss man dem passiv treibenden
Plankton das activ schwimmende Nekton entgegenstellen. Indessen verliert dann der Begriff jeden festen Halt und wird abhängig
von ganz variablen Verhältnissen, von der wechselnden Stärke

des Stroms, in dem das Thier treibt, von der augenblicklichen
Energie seiner willkürlichen Schwimmbewegung u. s. w. Ein
pelagischer Fisch oder Copepode, der von einer starken Strömung
mit fortgerissen wird, also zum Plankton gehört, kann wenige
Schritte seitwärts, ausserhalb derselben, ganz willkührlich seinen
Weg selbstständig bestimmen, und gehört dann zum Nekton. Es
erscheint daher wohl zweckmässiger, den Begriff des Plankton vorläufig im weiteren Sinne zu fassen, im Gegensatze zum Benthos.
Gerade für die Hauptaufgabe, die sich HENSEN bei seinen
Plankton-Studien gestellt hat, für die physiologischen Untersuchungen über den Stoffwechsel des Meeres, kann jene Beschränkung des Plankton-Begriffes nicht festgehalten werden. Denn
ein einziger grosser Fisch, der täglich Hunderte von Pteropoden
oder Tausende von Copepoden verzehrt, greift in die Oeconomie
des Meeres tiefer ein als Hunderte von kleinen Wirbellosen, welche
zum Plankton gehören. Bei Besprechung der Vertebraten des
Plankton werde ich unten darauf zurückkommen. Will man jedoch
mit HENSEN aus praktischen Gründen die willenlos treibenden
Thiere des Plankton von den willkührlich ihre Schwimmbewegung
verfolgenden (vom Strome unabhängigen) Thieren trennen, so
könnte man erstere als ploterische den letzteren als necte-
rischen gegenüberstellen [1]).

Haliplankton und Limnoplankton.

Obwohl die schwimmende Bevölkerung der süssen Gewässer
weit geringere Mannichfaltigkeit und Eigenthümlichkeit zeigt, als
diejenige des Meeres, so entwickeln sich doch auch unter der
ersteren theilweis ähnliche Verhältnisse, wie unter der letzteren.
Auch beginnt bereits das Studium der „pelagischen Thiere der
Gebirgsseen" u. s. w. einen erfreulichen Aufschwung zu nehmen.
Es wird daher nöthig werden, auch hier ähnliche Begriffe festzustellen, wie für die marine Fauna bereits geschehen ist. Da der
Begriff „pelagisch" nur für Seethiere verwendet werden darf, wird
es zweckmässig sein, die sogenannten „pelagischen" Thiere des
Süsswassers als limnetische zu bezeichnen; unter diesen können
wir dann wieder unterscheiden: autolimnetische, (nur die
Oberfläche bewohnende), zonolimnetische (auf gewisse Tiefen-
zonen beschränkte) und bathylimnetische (Tiefsee-Bewohner).
Die Gesammtheit der schwimmenden oder treibenden Bevölkerung

---

1) πλωτήρ = treibend; νηκτήρ = schwimmend.

des Süsswassers kann man als L i m n o p l a n k t o n bezeichnen,
im Gegensatze zu dem marinen H a l i p l a n k t o n (9, p. 1), welches
wir hier kurzweg .Plankton nennen.

Oceanisches und neritisches Plankton[1]).

Die vielfachen Unterschiede, welche der Character des Plankton
nach seiner Vertheilung im Meere zeigt, führen zunächst, mit
Rücksicht auf seine horizontale Verbreitung, zur Unterscheidung
von oceanischem und neritischem Plankton. O c e a n i s c h e s
P l a n k t o n ist dasjenige des offenen Weltmeeres, mit Ausschluss
des schwimmenden Küsten-Bios. Das Gebiet des oceanischen
Plankton kann vom zoologischen Gesichtspunkte aus in fünf grosse
Provinzen eingetheilt werden: 1) der Arktische Ocean; 2) der
Atlantische Ocean; 3) der Indische Ocean; 4) der Pacifische Ocean;
5) der Antarktische Ocean. In jeder dieser fünf grossen Provinzen
sind characteristische Genera des Plankton theilweise durch verschiedene Species vertreten, wenn auch die Unterschiede bei weitem
nicht so bedeutend sind, als in den verschiedenen Provinzen der
neritischen und noch mehr der littoralen Fauna.

Das n e r i t i s c h e Plankton umfasst die schwimmende
Fauna und Flora der Küsten-Regionen, sowohl der Continente,
als der Archipele und Inseln. Dasselbe ist in seiner Zusammensetzung von dem oceanischen Plankton wesentlich verschieden, und
sowohl quantitativ als qualitativ reicher. Denn längs der Küsten
entwickeln sich, zum Theil unter dem Schutze des Littoral-Bios,
oder in genetischem Zusammenhang mit ihm, zahlreiche schwimmende Thier- und Pflanzenformen, welche im offenen Ocean entweder überhaupt nicht vorkommen, oder doch rasch zu Grunde
gehen; wohl aber können die treibenden Organismen des letzteren
durch Strömungen oder Stürme an die Küsten getrieben werden
und sich dann mit dem neritischen Plankton mischen. Schon aus
diesem Grunde ist der Reichthum des neritischen Plankton an
Gattungen und Arten viel grösser als derjenige des oceanischen.
Die verwickelten und vielseitigen Beziehungen des letzteren zum
ersteren, sowie die Beziehungen beider zum Benthos (sowohl littoralem als abyssalem) sind noch wenig untersucht und enthalten
eine Fülle von interessanten Problemen. Man könnte das neritische Plankton auch als „Littoral-Plankton" bezeichnen, wenn es

---

1) *Νηρίτης*, Sohn des Nereus, Enkel des Pontus und der Gaea.

nicht besser wäre, den Begriff des littoralen Bios auf die nicht schwimmenden Organismen der Küste, die vagilen und sessilen Formen zu beschränken.

Pelagisches, zonarisches und bathybisches Plankton.

Den Begriff des pelagischen Plankton behalte ich in seiner ursprünglichen Fassung bei, wie er vor 45 Jahren von Johannes Müller gegeben und bisher von der grossen Mehrzahl der Autoren gebraucht worden ist. Ich beschränke also den Begriff der pelagischen Fauna und Flora auf diejenigen activ oder passiv schwimmenden Thiere und Pflanzen, welche an der Oberfläche des Meeres schwimmend angetroffen werden, gleichviel ob sie sich nur hier oder zugleich in einer variablen Tiefe unterhalb derselben finden. Es sind dies die superficialen und interzonaren Organismen von Chun (15, p. 54). Dagegen scheide ich aus den zonarischen und bathybischen Bios. Zonarisches Plankton nenne ich diejenigen Organismen, welche nur in einer bestimmten Tiefen-Zone des Oceans vorkommen und weder oberhalb derselben (an der Oberfläche der See) noch unterhalb (am Meeresboden) angetroffen werden; so z. B. viele Phaeodarien und Crustaceen; ferner die von Chierchia entdeckten Tiefsee-Siphonophoren, welche von ihm zahlreich und in grosser verticaler und horizontaler Ausdehnung angetroffen wurden, aber niemals höher als 1000 Meter unter der Oberfläche und niemals tiefer als 1000 Meter über dem Meeresboden (8, p. 85). Die tiefste Abtheilung dieser zonarischen Fauna bildet das bathybische Plankton (oder der profunde Auftrieb), d. h. die Thiere der Tiefsee, welche immer nur über deren Boden schweben, ohne ihn zu berühren, gleichviel ob sie zu dem abyssalen Benthos in bestimmten Beziehungen stehen oder nicht. Man könnte sie auch „abyssales Plankton" nennen, wenn es nicht praktischer wäre, den Begriff „abyssal" auf das (vagile und sessile) Benthos der Tiefsee zu beschränken. Zum bathybischen Plankton gehören viele Phaeodarien, einige Medusen und Siphonophoren, viele Tiefsee-Crustaceen, *Tomopteris euchaeta, Megalocercus abyssorum* etc. (15, p. 55—57).

In jeder dieser verticalen Abtheilungen des Plankton können die Unterschiede der horizontalen Verbreitung sich geltend machen. Wir können also oceanische und neritische Formen ebenso in der pelagischen Fauna unterscheiden wie in der zonarischen und bathybischen Fauna.

Autopelagisches, bathypelagisches und spanipelagisches Plankton.

Wenn wir den Begriff des „pelagischen Bios", den alten Sprachgebrauch beibehaltend, auf diejenigen Organismen beschränken, welche zu irgend einer Zeit an der Oberfläche des Meeres schwimmend oder treibend getroffen werden (wenn wir diesen Begriff also nicht mit CHUN, 15, p. 45, auf die zonarischen und bathybischen Thiere ausdehnen), so wird es weiterhin nöthig sein, durch besondere Begriffe diejenigen Lebensformen zu unterscheiden, welche beständig, zeitweilig oder nur ausnahmsweise an der Meeres-Oberfläche leben; ich schlage dafür die Bezeichnungen autopelagisch, bathypelagisch und spanipelagisch vor. Autopelagisch sind also diejenigen Thiere und Pflanzen, welche constant nur an der Oberfläche (oder bei stürmischen Wellen in geringer Tiefe unter derselben) vorkommen, die „superficialen" von CHUN (15, p. 45, 60). Zu dieser „constanten superficialen Fauna" gehören z. B. viele Polycyttarien (die meisten Sphaerozoiden), viele Medusen (z. B. Eucopiden) und manche Siphonophoren (z. B. Forskaliden); ferner die lobaten Ctenophoren (*Eucharis, Bolina*); einzelne Arten von *Sagitta* (z. B. *bipunctata*) und manche Copepoden (z. B. *Pontellina*, 15, p. 27).

Bathypelagisch nenne ich alle diejenigen Organismen, welche nicht bloss an der Oberfläche vorkommen, sondern auch in die Tiefe hinabgehen und oft die tiefen Schichten des Oceans in nicht minder erstaunlichen Massen erfüllen, als die oberflächlichen; CHUN bezeichnet solche bathypelagische Thiere als „interzonare pelagische Thiere" (15, p. 45). Hierher gehört wahrscheinlich die grosse Hauptmasse des Plankton; denn es ist durch die übereinstimmenden Untersuchungen von MURRAY (5, 6), MOSELEY (7), CHIERCHIA (8) und CHUN (15, 16), sowie durch meine eigenen ausgedehnten Erfahrungen höchst wahrscheinlich geworden, dass die grosse Mehrzahl der pelagischen Thiere und Pflanzen nur einen Theil ihres Lebens an der Oberfläche, den anderen Theil in verschiedenen Tiefen schwebend zubringt. Unter diesen bathypelagischen Thieren lassen sich dann weiter unterscheiden: A) Nyctipelagische, welche nur des Nachts an die Oberfläche steigen, tagsüber in der Tiefe weilen: sehr zahlreiche Medusen, Siphonophoren, Pyrosomen, die meisten Pteropoden und Heteropoden, sehr viele Crustaceen u. s. w. B) Chimopelagische,

welche nur im Winter an der Oberfläche erscheinen, im Sommer
dagegen in der Tiefe verborgen sind: viele Radiolarien, Medusen,
Siphonophoren, Ctenophoren, ein Theil der Pteropoden und Heteropoden, viele Crustaceen u. s. w. C) Allopelagische, welche
unregelmässige verticale Wanderungen antreten, bald an der Oberfläche, bald in der Tiefe erscheinen, unabhängig von den Tem-
peratur-Schwankungen, welche den Wohnungswechsel der nyctipelagischen und chimopelagischen Thiere bestimmen; die Ursachen
dieser Wanderungen dürften in verschiedenen öcologischen Bedingungen, in den Verhältnissen der Fortpflanzung, der Ontogenese, der Nahrungsquellen u. s. w. zu finden sein.

Spanipelagisch endlich könnte man solche Thiere nennen,
welche fast immer in der Tiefe des Meeres (zonarisch oder bathybisch) leben, aber nur selten und ausnahmsweise zur Oberfläche
hinaufkommen; es giebt nicht wenige Tiefseethiere, welche zwar
jedes Jahr einmal an die Meeresfläche emporsteigen, aber nur für
kurze Zeit, nur für wenige Wochen oder selbst nur einzelne Tage,
z. B. *Athorybia* und *Physophora* unter den Siphonophoren, *Charybdea* und *Periphylla* unter den Medusen. Die Ursachen dieser
auffallenden spanipelagischen Lebensweise dürften meistens in den
Verhältnissen der Fortpflanzung und Ontogenese liegen; sie dürfte
viel häufiger sein, als es bis jetzt den Anschein hat.

Holoplanktonische und meroplanktonische Organismen.

Während zahlreiche Organismen ihr ganzes Leben im Meere
schwebend zubringen und ihren vollständigen Entwickelungskreis
in demselben durchlaufen, ist das bei anderen nicht der Fall; vielmehr bringen diese einen Theil ihres Lebens im Benthos zu, entweder vagil oder sessil. Die erste Gruppe nennen wir holoplank-
tonisch, die zweite hingegen meroplanktonisch. Zu den holoplanktonischen Organismen, welche gar keine Beziehung zum
Benthos haben (also „rein pelagisch, zonarisch oder bathybisch"
sind) gehören ein grosser Theil der Diatomeen und Oscillarien,
alle Murracyteen und Peridineen; ferner alle Radiolarien, viele
Globigerinen, die hypogenetischen Medusen (ohne Generationswechsel), alle Siphonophoren und Ctenophoren, alle Chaetognathen,
Pteropoden, die Copelaten, Pyrosomen und Thalidien u. s. w.

Die meroplanktonischen Organismen hingegen,
welche nur einen Theil ihres Lebens im Meere schwimmend sich
finden, den anderen Theil vagil oder sessil im Benthos zubringen

(entweder littoral oder abyssal), sind durch folgende Gruppen
vertreten: ein Theil der Diatomeen und Oscillarien, die planktonischen Fucoideen, die metagenetischen Medusen (Craspedoten mit
Hydroid-Ammen, Acraspeden mit Scyphostom-Ammen), einige Turbellarien und Anneliden u. s. w.; meroplanktonisch sind ferner die
„pelagischen Larven" der Hydroiden und Korallen, vieler Helminthen und Echinodermen, Acephalen und Gastropoden u. s. w.

IV. Uebersicht der Plankton-Organismen.

IV. A. Protophyten des Plankton.

Die Gruppe der einzelligen Pflanzen (*Protophyta*) [1])
ist für die Physiologie des Plankton und für den „Stoffwechsel des
Meeres" von der allergrössten Bedeutung; denn sie liefert den
weitaus grössten Theil der „Urnahrung". Die ungeheuren Massen
von Nahrung, welche die unzähligen Schaaren der schwimmenden
Seethiere alltäglich verzehren, stammen zum grössten Theil, direct
oder indirect, aus der planktonischen Flora, und in dieser sind
die einzelligen Protophyten von viel grösserer Bedeutung als
die vielzelligen Metaphyten. Trotzdem ist die Naturgeschichte
dieser kleinen Pflanzen bisher sehr vernachlässigt. Noch kein
Botaniker hat den Versuch gemacht. die Plankton-Flora im Ganzen
und in ihren Beziehungen zur planktonischen Fauna darzustellen.
Nur eine einzige formenreiche Classe, die der Diatomeen, ist
genauer untersucht und systematisch bearbeitet; für die übrigen
Gruppen ist nicht einmal der Versuch einer systematischen Uebersicht unternommen; und viele einzelne Formen von grosser Bedeutung sind sogar erst in neuester Zeit als einzellige Pflanzen
erkannt. Ich muss mich daher darauf beschränken, hier die wichtigsten Gruppen der Plankton-Flora kurz aufzuzählen; ihre allgemeine Verbreitung und massenhafte Entwickelung ist nach meiner
Ueberzeugung bisher sehr unterschätzt und verdient mit Rücksicht
auf den „Stoffwechsel des Oceans" die eingehendste Berücksichtigung. Ich finde Massen von verschiedenen Protophyten überall

---

1) Die Trennung der Protophyten von den Metaphyton
ist ebenso berechtigt, wie diejenige der Protozoen von den Metazoen. Letztere bilden Gewebe, erstere nicht. (Vergl. die VIII. Aufl.
meiner Natürl. Schöpfungsgeschichte, 1889, p. 420—453.)

im Plankton vor und vermuthe, dass dieselben hauptsächlich desshalb so vernachlässigt worden sind, weil sie theils von geringer Grösse, theils von wenig auffallender Form sind. Viele derselben sind auch wohl für Protozoen oder für Eier von planktonischen Metazoen gehalten worden.

Das System der Protophyten — eine höchst dringliche Aufgabe der Botanik — dürfte als Grundlage der Unterscheidung der grösseren Gruppen wohl folgende Verhältnisse in den Vordergrund zu stellen haben: 1. Die Art der Fortpflanzung, ob durch einfache Theilung (*Schizophyta*) (Zweitheilung, Viertheilung, Vieltheilung) oder durch Bildung beweglicher Schwärmsporen (*Mastigophyta*); 2. die Beschaffenheit des Phytochroms, des gelben, rothen oder braunen Farbstoffs, der im Protoplasma der Zelle (meist in Körnerform) vertheilt und für die Assimilation von grösster Bedeutung ist (Chlorophyll, Diatomin, Erythrin, Phaeodin etc.); 3. die morphologische und chemische Beschaffenheit der Zellmembran (Cellulose oder Kieselerde, kapselförmig oder zweiklappig u. s. w.). So lange wir die gegenwärtig bestehende Ansicht der Pflanzen-Physiologen festhalten, dass für den fundamentalen Assimilations-Process des vegetalen Stoffwechsels, für die Synthese von Protoplasma und Amylum, die Anwesenheit des vegetalen Farbstoffes erforderlich ist, werden wir als echte Protophyten nur solche einzellige Organismen betrachten dürfen, die mit einem solchen Phytochrom ausgestattet sind; dann werden wir aber auch eine ganze Anzahl von Protisten hierher zu ziehen haben, die bisher zu den Protozoen gerechnet wurden, so die Murracyteen, Dictyocheen, Peridineen. Als characteristische und wichtige Protophyten des Plankton führe ich hier sieben Gruppen auf: 1. Chromaceae, 2. Calcocyteae, 3. Murracyteae, 4. Diatomeae, 5. Xanthelleae, 6. Dictyocheae, 7. Peridineae.

I. **Chromaceen** (30, p. 452). Zu dieser niedersten vegetalen Gruppe ist wahrscheinlich eine Anzahl von kleinen „einzelligen Algen" einfachster Form zu stellen, die massenhaft im Plankton vorkommen, aber wegen ihrer geringen Grösse und einfachen Kugel-Gestalt bisher meistens übersehen oder vermuthlich für Keimzellen anderer Organismen gehalten wurden. Sie mögen hier vorläufig als *Procytella primordialis* unterschieden werden. Der Durchmesser der kugeligen Zellen beträgt bei den kleineren Formen nur 0,001—0,005, bei den grösseren 0,008—0,012 mm, selten mehr. Jede Zelle enthält meistens nur ein Phytochrom-Korn, von grünlicher

Farbe, die bald mehr ins Gelbe oder Rothe, bald mehr ins Blaue
oder Braune fällt. Ob daneben noch ein winziger Kern vorhanden,
ist zweifelhaft. Die Vermehrung geschieht einfach durch Zweitheilung oder Viertheilung, und scheint äusserst rasch vor sich zu
gehen; aber Schwärmsporen scheinen nicht gebildet zu werden.
Hunderte oder Tausende solcher grüner Kügelchen können in
Gallertkugeln vereinigt sein. Ob diese einfachsten Chromaceen
zu den Chroococceen oder Protococceen oder einer anderen primi-
tiven Protophyten-Gruppe gehören, das zu bestimmen, muss ich
der ferneren Untersuchung der Botaniker überlassen, ebenso ob
diese winzigen Procytellen wirklich echte kernhaltige Zellen
oder nur kernlose Cytoden sind. Für unsere Plankton-Studien
sind dieselben nur insofern von Interesse, als sie in manchen
(namentlich kälteren) Gebieten des Oceans sich in ungeheuren
Massen, ähnlich den Diatomeen, entwickeln und neben diesen einen
grossen Theil der Urnahrung bilden. Das Meer ist oft auf weite
Strecken durch sie braun oder grün gefärbt, und sie bilden (— als
Protococcus marinus beschrieben —) die Hauptnahrung von ungeheuren Copepoden-Schaaren, wie KÜKENTHAL in seinen „Bei-
trägen zur Fauna Spitzbergens" mittheilt (1889, p. 165).

II. **Calcocyteen.** Als Calcocyteae oder „einzellige Kalkalgen" habe ich in der VIII. Aufl. der „Natürlichen Schöpfungsgeschichte" (30, p. 437) die merkwürdigen kleinen Organismen
bezeichnet, die als „Coccosphaeren, Cyathosphaeren und
Rhabdosphaeren" eine grosse Rolle im Leben des Oceans
spielen. Sie finden sich massenhaft im Plankton der tropischen
und subtropischen Meere (weniger in den kälteren Zonen) und
fehlen niemals da, wo pelagische Thalamophoren in grosser Menge
vorkommen. Gleich diesen sind sie bathypelagisch. Die Proplasma-
Kugel, die das Innere der kleinen kalkschaligen Plastide ausfüllt und
sich mit Carmin roth, mit Jod braun färbt, scheint kernlos zu sein
(also eine Cytode). Die zierlichen Kalkplatten, welche die Schale
zusammensetzen (Coccolithen, Cyatholithen, Rhabdolithen), und
welche bei den Rhabdosphaeren einen Radial-Stab tragen, fallen nach
dem Tode auseinander und sind massenhaft in allen Theilen der
wärmeren Oceane und im Globigerinen-Schlamm ihres Bodens zu
finden. MURRAY (5, p. 533; 6, p. 939) und WYVILLE THOMSON
(14, I, p. 222) haben zuerst auf die weite Verbreitung und massenhafte Entwickelung dieser einzelligen Kalkalgen hingewiesen, und
ich stimme ihnen in der Annahme bei, dass sie in der Biologie

des Oceans und bei der Bildung seines Globigerinen-Schlammes eine bedeutende Rolle spielen.

III. Murracyteen.

Mit diesem Namen erlaube ich mir hier eine sehr merkwürdige, aber bisher vernachlässigte Gruppe von planktonischen Protophyten zu belegen, welche erst von John Murray entdeckt und (1876) unter dem Namen *Pyrocystis* beschrieben wurden (5, p. 533, Plate XXI; 6, p. 935—938). Diese „einzelligen Algen" sind durchsichtige Bläschen von 0,5—1—1,5 mm Durchmesser und kugeliger, länglich-runder oder spindelförmiger Gestalt. Ihre einfache, geschlossene Zellmembran ist sehr dünn und zerbrechlich, glasartig; sie wird durch Jod und Schwefelsäure blau gefärbt, und besteht aus Cellulose, die eine geringe Quantität Kiesel-Erde zu enthalten scheint. Der Inhalt des Bläschens ist eine vacuolisirte Zelle, deren Protoplasma-Netz viele gelbe Diatomin-Körner einschliesst. Die kugelige Form (*Pyrocystis noctiluca*, Murray) ist in Grösse und Gestalt sehr ähnlich der gewöhnlichen *Noctiluca miliaris*, und wahrscheinlich öfter mit ihr verwechselt worden. Ich beobachtete dieselbe schon vor 30 Jahren (1860) in Messina und später (1866) auf der canarischen Insel Lanzarote. Als John Murray 1876 die erste Abbildung und genauere Beschreibung derselben publicirte, stellte er sie zuerst zu den Diatomeen, hat sie aber später (6, p. 935) mit Recht davon getrennt. Er sagt dort von *Pyrocystis noctiluca*: „Dieser Organismus ist an der Oberfläche des tropischen und subtropischen Oceans — oft in enormen Massen! — überall da vorhanden, wo die Temperatur mehr als 20—21 ⁰ C. beträgt und das specifische Gewicht des Ocean-Wassers nicht durch die Anwesenheit von Küsten- und Fluss-Wasser verringert ist. Pyrocystis leuchtet sehr stark; das Licht geht vom Nucleus aus und ist die Hauptquelle der diffusen Phosphorescenz des acquatorialen Oceans bei ruhigem Wetter". Da diese einzelligen vegetalen Organismen nicht die characteristische zweiklappige Schale oder „Kieselschachtel" der Diatomeen besitzen, sondern ihre Zellmembran eine völlig geschlossene Kapsel bildet, können sie nicht zu den letzteren gerechnet werden, sondern müssen als Vertreter einer besonderen Gruppe von Protophyten angesehen werden, für welche ich den Namen Murracyteen oder „Glasbläschen" vorschlage (*Murra* hiess bei den Römern ein glasartiges Mineral — Flussspath? aus welchem kostbare Gefässe angefertigt wurden) [1]).

1) Ich habe im Atlantischen und Indischen Ocean grosse Massen

IV. **Diatomeen.** Die ungeheuren Massen, in welchen die Diatomeen den ganzen Ocean bevölkern, und die ausserordentliche Bedeutung, welche sie als einer der wichtigsten Bestandtheile der „Urnahrung" für den Stoffwechsel des Meeres besitzen, sind so vielfach erörtert, dass es hier genügt, auf die bezüglichen neueren Darstellungen von MURRAY (5, p. 533; 6, p. 737 etc.), FUCHS (12, p. 49), CASTRACANE (6, p. 930) und HENSEN (9, p. 80) zu verweisen. Früher wurde dabei hauptsächlich an die benthonischen Diatomeen gedacht, welche überall die Meeresküsten und die geringeren Tiefen des Meeresbodens in erstaunlichen Massen bedecken, theils festsitzend auf Stielen, theils sich langsam fortbewegend auf den Tangwäldern und festsitzenden Thierbänken der Küsten. Erst viel später wurde die nicht geringere Bedeutung der planktonischen Diatomeen erkannt, welche, ebensowohl im offenen Ocean, als in den Küstengewässern treibend, eine der wichtigsten Nahrungsquellen für die pelagischen Thiere liefern. Die oceanischen Diatomeen, welche oft in dicken Schleimschichten die Oberfläche des offenen Meeres überziehen, bilden eine besondere, bei weitem nicht genügend erforschte Flora, ausgezeichnet durch viele Formen von colossaler Grösse (mehreren Millimetern Durchmesser), eigenthümlich regulärer Gestaltung und äusserst dünnwandiger Kieselschale (so zahlreiche vom Challenger entdeckte Arten von *Ethmodiscus*, *Coscinodiscus*, *Rhizosolenia* u. s. w.). Die neritischen Diatomeen hingegen, welche schwimmend in nicht geringerer Zahl die Küstengewässer bevölkern, sind durchschnittlich kleiner und dickwandiger, und stehen

von Murracyteen beobachtet, und mehrere Arten unterschieden, die man auch als Vertreter von vier Gattungen ansehen kann: 1. *Pyrocystis noctiluca*, MURRAY: kugelig; 2. *Photocystis ellipsoides*, HKL.: ellipsoid; 3. *Murracystis fusiformis*, HKL. (= *Pyrocystis fusiformis*, MURRAY) spindelförmig; 4. *Nectocystis murrayana*, HKL.: cylindrisch. Die Murracyteen vermehren sich, wie es scheint, nur durch einfache Zelltheilung (gewöhnlich Zweitheilung, seltener Viertheilung). Nachdem sich der excentrische oder wandständige Kern getheilt hat, erfolgt die Theilung des weichen Zellenleibes, der von der festen kapselähnlichen Membran durch einen weiten (mit Gallerte gefüllten) Zwischenraum getrennt ist. Dann wird letztere gesprengt, und um jede der beiden Hälften oder der vier Tetraden sofort eine neue Hülle ausgeschieden. Phylogenetisch betrachtet, erscheinen die Murracyteen als uralte oceanische Protophyten von sehr einfachem Bau. Vielleicht darf man sie als die Stammformen der Diatomeen ansehen; dann würde die zweiklappige Schale der letzteren durch einfache Halbirung der Kapsel der ersteren entstanden sein.

im Ganzen in der Mitte zwischen den oceanischen und littoralen Formen. Die absolute und relative Quantität der planktonischen Diatomeen scheint vom Aequator hin gegen beide Pole gleichmässig zuzunehmen.

In der Tropen-Zone sind die pelagischen Diatomeen viel schwächer entwickelt, als in den gemässigten, und hier wieder viel geringer als in den Polar-Zonen. Der Arktische Ocean wird oft auf weite Strecken durch ungeheure Diatomeen-Massen in einen dicken, dunkeln Schleim verwandelt, das „schwarze Wasser", welches die Weidegründe der Walfische bildet. Die Pteropoden und Crustaceen, von welchen diese Cetaceen leben, nähren sich von jenem Diatomeen-Schleim, dem „Black Water" der Nordpolfahrer. Nicht weniger erstaunlich sind die ungeheuren Diatomeen-Massen, welche südlich vom 50. Breitengrade den Antarktischen Ocean erfüllen, und deren Kieselschalen, nach dem Tode zu Boden sinkend, den Diatomeen-Schlamm bilden (Challenger - Stationen 152—157). Die Taunetze füllten sich hier rasch mit solchen Diatomeen-Massen (grösstentheils aus *Chaetoceros* gebildet), dass diese, unmittelbar am Ofen getrocknet, einen dicken, watteähnlichen Filz bildeten (6, p. 920).

V. Xanthelleen.

Eine höchst wichtige Rolle im Stoffwechsel des Meeres fällt den merkwürdigen Xanthelleen oder „Gelben Zellen" zu, welche als Symbionten im Körper zahlreicher Seethiere leben, ebensowohl im Plankton, wie im Benthos. Ich habe diese „gelben Zellen", welche schon von HUXLEY (1851) und von JOHANNES MÜLLER (1858) im Calymma der Radiolarien beobachtet wurden, zuerst als „unzweifelhafte Zellen" nachgewiesen, ihre Structur und Vermehrung durch Theilung beschrieben (3, p. 84) und später (1870) gezeigt, dass sie constant Amylum enthalten (4, § 90). Aber erst CIENKOWSKI stellte die Ansicht auf, dass die gelben Zellen selbstständige einzellige Organismen seien, „parasitische Algen", welche zeitweilig im Körper der Radiolarien leben, aber auch nach deren Tode fortwachsen und sich durch Theilung vermehren. Durch KARL BRANDT (24, p. 65) und PATRICK GEDDES wurde dann diese Auffassung experimentell bestätigt, die Natur ihrer Symbiose näher erläutert, und endlich die weite Verbreitung der Xanthelleen im Körper zahlreicher Seethiere, sowie ihre Production von Zoosporen nachgewiesen (*Zooxanthella*, *Philozoon*). Ob dieselben mit gewissen „gelben einzelligen Algen", die frei im Plankton leben, ontogenetisch zusammenhängen, ist noch weiter zu untersuchen. Vielleicht gehören in diese Gruppe auch die **Xanthideen**, welche von HENSEN (9, p. 79) und MOEBIUS (10, p. 124) als Arten von *Xanthidium* und als „dornige Cysten" beschrieben worden sind; kugelige Zellen, welche 0,1 mm Durchmesser erreichen, gelbe Diatomin-Körner enthalten und sich durch Theilung vermehren. Characteristisch ist ihre dicke, hyaline Schale, die aus schwach verkieselter Cellulose zu bestehen scheint und mit einfachen oder ästigen Radial-Stacheln bewaffnet ist. Ich finde diese Xanthideen sehr häufig im oceanischen Plankton. Vielleicht gehören dazu auch die kieselschaligen Xanthidien, die EHREN-BERG häufig fossil gefunden hat.

VI. Dictyochcen. Die zierlichen Gitter-Gehäuse der Dictyochiden, aus hohlen Kieselstäbchen zusammengesetzt, finden sich oft massenhaft im Plankton vor, sowohl pelagisch, als zonarisch. Obwohl dieselben (auch im fossilen Zustande) schon lange den Mikroskopikern bekannt sind, herrschen doch über ihre wahre Natur noch sehr verschiedene Ansichten [1]). In einer vorläufigen Mittheilung „Ueber den Bau von *Distephanus* (*Dictyocha*) *speculum*" (Zoolog. Anzeiger Nr. 334) zeigte kürzlich ein früherer Schüler von mir, ADOLF BORGERT, dass jedes einzelne Gehäuse eine selbständige **Geisselzelle** umschliesst; er hält sie daher für eine neue Gruppe von **Flagellaten** (oder Mastigophoren), für welche er die Bezeichnung *Silicoflagellata* vorschlägt. Die von mir beschriebenen „Zwillings-Stücke" (4, p. 1549) deutet er als Doppel-Gehäuse, welche durch die Conjugation von zwei Flagel-

1) EHRENBERG, der 1838 und 1841 zuerst die zierlichen Kieselskelete von *Dictyocha* und *Mesocena* beschrieb, erklärte sie für Diatomeen, und unterschied nicht weniger als 50 Arten derselben, theils lebend, theils fossil. Ich beobachtete später in Messina (1859) innerhalb der zierlichen hutförmigen Gitterschale eine kleine Zelle eingeschlossen und stellt sie daher zu den Radiolarien, besonders mit Rücksicht auf die ähnlichen Kieselskelete einiger Nassellarien (*Acanthodesmida*). 20 Jahre später fand R. HERTWIG ein kugeliges Phaeodarium, dessen Calymma-Oberfläche mit zahlreichen *Dictyocha*-Hütchen bedeckt war, und glaubte daraufhin, sie zu dieser Legion stellen zu müssen; er verglich die einzelnen Kieselhütchen mit den zerstreuten Spicula der Sphaerozoiden. Ich schloss mich dieser Deutung in meinem Challenger-Report an (4, p. 1558); um so mehr, als ich selbst inzwischen eine gleiche Phaeodarie in Ceylon lebend beobachtete und in mehreren Gläsern der Challenger-Sammlung (besonders von Station 144, vom Cap der guten Hoffnung) zahlreiche ähnliche Phaeocystinen gefunden hatte (*Dictyocha stapedia*, 4, p. 1561, Pl. 101, Fig. 10—12).

laten-Individuen entstanden sind. Mir scheint diese neue Deutung sehr viel Wahrscheinlichkeit für sich zu haben. obgleich ich die Möglichkeit nicht für ausgeschlossen halte, dass die Geisselzellen die Schwärmsporen des Phaeodarium selbst sind. Falls die grüngelben Pigmentkörner im Protoplasma der Dictyochiden Chlorophyll oder Phytochrom sind, würden sie zu den „einzelligen Algen" zu stellen sein. Wenn die Auffassung von BORGERT, wie ich glaube, richtig ist, so können die häufig im Calymma von Phaeodarien vorkommenden Massen von Dictyochiden-Gehäusen wohl nur als die leeren Schalen von Silicoflagellaten gedeutet werden, welche eine skeletlose *Phaeodina* als Nahrung aufgenommen hat. Diese Annahme ist um so wahrscheinlicher, als dieselben auch im Calymma von anderen Radiolarien, zusammen mit Kieselschalen von Diatomeen und Tintinnoiden, häufig gefunden werden. Es würde dann dieser Fall analog zwei ähnlichen Erscheinungen sein, die ich selbst früher beschrieben habe : *Myxobrachia pluteus* (4, p. 22) und *Calcaromma calcarea* (4, p. LXX, § 102, D).

VII. **Peridineen** (= *Dinoflagellata* oder *Dinocytea*, früher *Cilioflagellata*). Diese Gruppe von Flagellaten (oder Mastigophoren), früher zu den Infusorien gestellt, ist neuerdings sicher als Protophyten-Gruppe, mit vegetalem Stoffwechsel erkannt. Sie ist im Plankton durch zahlreiche, zum Theil sehr auffallende und zierlich gestaltete Formen vertreten, von denen neuerdings STEIN einen Theil unter dem Namen der a r t h r o d e l e n F l a g e l-l a t e n abgebildet hat. Viele hierher gehörige Formen kommen namentlich im neritischen, weniger im oceanischen Plankton vor; und oft in solchen Massen, dass sie einen grossen Antheil an der Bildung der „U r n a h r u n g" nehmen. HENSEN weist mit Recht auf die grosse Bedeutung dieser Protisten hin, von deren Massen er durch Zählung eine Vorstellung zu geben sucht (9, p. 71). Viele derselben betheiligen sich auch in hervorragender Weise am Meerleuchten (*Ceratium, Prorocentrum* etc.). JOHN MURRAY fand im offenen Ocean sehr oft Ketten von *Ceratium tripus* (jede aus acht Zellen zusammengesetzt), ohne Geisselbewegung im Plankton treibend, während die geisselnde Einzelzelle in ungeheuren Massen das neritische Plankton, nahe der Küste bewohnt. Bisweilen treten diese Schaaren von Peridineen, gleich den Diatomeen, so massenhaft auf, dass sie das Taunetz mit gelbem Schleim erfüllen, (6, p. 934).

3

IV. B. Metaphyten des Plankton.

Die einzige Classe der Metaphyten, welche im Plankton vertreten ist, sind die Algen. Von dieser formenreichen [Klasse gehört aber die grosse Mehrzahl dem littoralen Benthos an; nur sehr wenige Formen haben sich der pelagischen Lebensweise angepasst, und von diesen sind nur zwei durch massenhafte Entwickelung von grösster Bedeutung für die oceanische Urnahrung: die tiefstehenden *Oscillatorien* und die hochentwickelten *Sargasseen*. Eine dritte Gruppe, die *Halosphaereen*, ist viel seltener und unbedeutender, aber in mehrfacher Beziehung von besonderem Interesse [1).

I. Halosphaereen. Unter dem Namen *Halosphaera viridis* hat zuerst Schmitz (1879) eine neue Gattung grüner Algen aus dem Mittelmeer beschrieben, welche von Mitte Januar bis Mitte April im Plankton des Golfes von Neapel in grosser Menge treibend erscheint. Sie bildet schwimmende Hohlkugeln, von 0,55—0,62 mm Durchmesser, deren dünne Cellulose-Wand innen von einer einzigen Schicht chlorophyllhaltiger Zellen ausgekleidet ist, analog dem Blastoderm der Metazoen-Keime. Jede dieser Epithel-Zellen zerfällt später in mehrere Tochterzellen, von denen jede vier kegelförmige, mit zwei Geisselzellen versehene Schwärmsporen liefert. Ich kenne diese grünen Kugeln seit 30 Jahren; im Februar 1860 fand ich sie zahlreich im Plankton von Messina. Eine zweite Art beobachtete ich im Februar 1867 auf der canarischen Insel Lanzarote. Diese atlantische Hohlkugel wird doppelt so gross und erreicht 1—1,2 mm Durchmesser; sie hat birnförmige Schwärmsporen; ich nenne sie *Halosphaera blastula*. In morphologischer Beziehung sind diese Hohlkugel-Algen von höchstem Interesse, da sie unmittelbar der Blastula (oder der *Blastosphaera*-Stufe des Metazoen-Keims) zu vergleichen sind. Wie

---

1) Die Oscillatorien dürfen als echte Algen betrachtet werden, da ihre charakteristischen „Gliederfäden" bereits einen wirklichen Thallus darstellen, und zwar einen fadenförmigen Thallus, wie bei den Conferven. Aus demselben Grunde dürfen wir aber auch die Volvocinen und Halosphaereen mit kugeligem Thallus als Algen ansehen. Sie sind also vielzellige Metaphyten, welche die einfachste Form des Gewebes zeigen (*Histones*, 30, p. 420). Die vorhergehenden Protophyten hingegen besitzen noch kein Gewebe, da der ganze Organismus nur eine einfache Zelle darstellt (*Protista*, 30, p. 453).

letztere als einfachster Typus des *Metazoon*, so kann *Halosphaera* (ähnlich *Volvox*) als das primitive Urbild des *Metaphyton* angesehen werden (4, p. 499). HENSEN fand neuerdings zahlreiche lebende Exemplare von *Halosphaera viridis* in fünf Zügen aus 1000—2000 m Tiefe (10, p. 521); vielleicht genügt dort das Licht der bathybischen Leuchtthiere für ihre Assimilations-Thätigkeit.

II. Oscillatorien.

In ähnlichen ungeheuren Massen, wie die oceanischen Diatomeen in den kalten Regionen des Oceans, treten die Oscillatorien (*Trichodesmium* und Verwandte) in den warmen Regionen auf. Sicher gehören die letzteren, ebenso wie die ersteren, zu den wichtigsten Quellen der „Urnahrung". EHRENBERG beobachtete schon 1823 solche Massen von *Trichodesmium erythraeum* im Rothen Meere bei Tur, dass das Wasser längs der Küste dadurch blutroth gefärbt wurde. MOEBIUS hat dasselbe später genauer beschrieben und leitet davon (wohl mit Recht) den Namen des Rothen Meeres ab (26, p. 7). Ebenso grosse Mengen wie hier, fand ich selbst später auch im Indischen Ocean, bei den Malediven und bei Ceylon (25, p. 225). In der Sammlung von RABBE sind mehrere Planktongläser (aus dem Indischen und Pacifischen Ocean) ganz damit gefüllt [1]). Der „Challenger" begegnete grossen Mengen von *Trichodesmium* in der Arafura-See und Celebes-See (6, p. 545, 607), aber auch im Guinea-Strom (6, p. 218) und zwischen St. Thomas und Bermuda (6, p. 136); weite Meeresstrecken waren dadurch dunkelroth oder gelblich-braun gefärbt. MURRAY fand sie immer nur in den oberflächlichen, nicht in den tieferen Schichten des Oceans.

III. Sargasseen.

Die höheren Algen sind in der Plankton-Flora fast nur durch eine einzige Gruppe vertreten, die Sargasseen, und diese wieder gewöhnlich nur durch eine einzige Art, *Sargassum bacciferum*: diese besitzt aber die grösste Bedeutung, da sie bekanntlich fast allein die schwimmenden Sargasso-Bänke bildet, welche einen so ausgedehnten Theil des Oceans einnehmen. Neben dieser wichtigsten Art kommen übrigens stellenweise auch einige andere Fucoideen treibend im Ocean vor, insbesondere einige Arten von *Fucus* (*F. vesiculosus*, *F. nodosus* u. A.). Doch er-

---

1) In der Radiolarien-Collection (von 34 Präparaten, — darunter 13 Plankton-Präparate), welche vom Famulus FRANZ POHLE in Jena käuflich zu beziehen ist, enthält das Präparat Nr. 5, von Madagascar. viele Flocken dieser Oscillatorie. (Vergl. S. 62, Anm.)

scheinen dieselben niemals in solchen Massen, wie jener vielbe-
sprochene „Beerentang". Wie bekannt, besitzen die treibenden
Sargasso-Bänke ihre eigene characteristische Thierwelt, die Wyville
Thomson anschaulich schildert und treffend als nomadische bezeichnet (14, II, p. 9, 339).

Diese merkwürdige Sargasso-Fauna trägt im Atlantischen und
Pacifischen Ocean denselben Character, und besteht theils aus
b e n t h o n i s c h e n Thieren, welche auf dem Sargasso-Tang festsitzend oder kriechend leben, theils aus p l a n k t o n i s c h e n Organismen, welche sich schwimmend zwischen den Tangen aufhalten;
letztere sind mehr n e r i t i s c h, als oceanisch. Hensen hat neuerdings diese Fauna als auffallend arm beschrieben und konnte nur
10 Thier-Arten in derselben auffinden (9, p. 246). Der „Challenger" hat auf demselben atlantischen Sargasso mehr als fünfmal so viel Arten, nämlich 55 gefunden (6, p. 136). Selbstverständlich können hier, wie bei anderen Plankton-Fragen, die auffallenden n e g a t i v e n Befunde von Hensen keine Geltung beanspruchen gegenüber den p o s i t i v e n anderer Forscher.

IV. C. Protozoen des Plankton.

Die beiden grossen Hauptgruppen der einzelligen Thiere,
R h i z o p o d e n und I n f u s o r i e n, sind im Ocean höchst ungleichmässig vertreten, in umgekehrten Verhältnissen als im Süsswasser.
Die I n f u s o r i e n (*Flagellaten* und *Ciliaten*), welche im Letzteren
hauptsächlich die Protozoen-Fauna bilden, sind im Meere zwar
auch durch eine grosse Zahl von Arten repräsentirt; aber die
meisten gehören dem littoralen Benthos an, und nur wenige
schwimmende Arten kommen in solcher Menge vor, dass sie im
Plankton von Bedeutung sind: unter den Flagellaten die Noctiluciden, unter den Ciliaten die Tintinnoiden. Um so grösser ist
der Reichthum des Oceans an R h i z o p o d e n, kalkschaligen
Thalamophoren und kieselschaligen *Radiolarien*. Ihre angehäuften
Schalen-Massen bilden die bedeutendsten Sedimente des Oceans,
während ihr einzelliger Weichkörper die wichtigste Nahrung für
viele Plankton-Thiere darstellt.

Infusorien. Die Infusorien spielen bekanntlich im Leben des
Oceans bei weitem nicht eine so grosse Rolle, wie in dem des
süssen Wassers. Zwar kommen in der neritischen oder littoral-
pelagischen Fauna eine grosse Zahl von Flagellaten und Ciliaten
vor; aber sie machen sich weder durch Individuen-, noch durch

Formen-Reichthum besonders geltend; und in das offene Meer gehen nur wenige kleine Gruppen hinaus. Es scheint, dass diese zarten, grösstentheils unbeschaalten Protozoen den Gefahren, welche der wilde „Kampf um's Dasein" hier bietet, nicht gewachsen sind; hier treten die gepanzerten Rhizopoden an ihre Stelle. Dennoch treten zwei kleine und eigenthümliche Gruppen von Infusorien sehr häufig im Plankton auf, und stellenweise in solcher Menge, dass sie die Hauptmasse desselben bilden: die *Noctiluken* unter den Flagellaten, und die *Tintinnen* unter den Ciliaten. Beide Gruppen, und namentlich die Noctiluciden, gehören zum neritischen Plankton; im oceanischen kommen sie nur dann vor, wenn Küstenwasser zuströmt (6, p. 679, 750, 933).

Die gewöhnliche *Noctiluca miliaris* und einige verwandte Arten bedecken die Oberfläche des Küstenwassers bisweilen in solchen Massen, dass sie einem dicken röthlich-gelben Schleime gleicht, der oft einer „Tomaten-Suppe" verglichen wird und Nachts stark leuchtet. Die Tintinnoiden (*Tintinnus*, *Dictyocysta*, *Codonella*) erscheinen weniger massenhaft, aber doch oft in grosser Zahl. Einige Formen dieser zierlichen Ciliaten sind oceanisch.

Thalamophoren (= Foraminiferen). Die formenreiche Classe der Thalamophoren (sehr unpassend noch oft als Foraminiferen bezeichnet) galt früher allgemein für benthonisch. Erst neuere Beobachtungen lehrten, dass ein Theil derselben planktonisch ist; und erst durch die umfassenden Beobachtungs-Reihen des „Challenger" wurde das massenhafte Vorkommen dieser „pelagischen Foraminiferen" und ihre hohe Bedeutung für die Bildung eines der wichtigsten Sedimente, des Globigerinen-Schlammes festgestellt. Alle diese Thalamophoren des Plankton gehören zu den eigentlichen perforaten Polythalamien, zur Familie der Globigeriniden; nur Orbulina (falls sie selbständig ist) zu den Monothalamien. Die Zahl ihrer Genera (8—10) und der Species (20—25) ist verhältnissmässig gering; aber die Zahl der Individuen unglaublich gross. Die bei weitem wichtigsten und massenhaftesten gehören zu den Gattungen *Globigerina*, *Orbulina* und *Pulvinulina*, demnächst *Sphaeroidina* und *Pullenia*; sie kommen fast überall im offenen Ocean in ungeheuren Schaaren vor. J. Murray konnte oft dichte Massen davon mit dem Glase vom Boot aus schöpfen, und niemals mit dem Taunetz bis zu 200 Faden hinab fischen, ohne einige zu erhalten (5, p. 534). Einige Formen (*Hastigerina* und *Cymbalo-*

pora) zeigen mehr locale Anhäufung, während andere überhaupt selten sind (*Chilostomella, Candeina).* In der äquatorialen Gegenströmung des westlichen Pacifik (zwischen dem Aequator und den Carolinen-Inseln) begegnete der Challenger „g r o s s e n B ä n k e n von pelagischen Foraminiferen; an einem Tage wurden ungeheure Mengen von *Pulvinulina* im Netze gefangen; am folgenden Tage fehlte diese ganz, und *Pullenia* war äusserst häufig" (!) (6, p. 738). Diese wichtigen Beobachtungen von MURRAY kann ich nach meinen eigenen Wahrnehmungen im Atlantischen und Indischen Ocean bestätigen [1]). (Vergl. 3, p. 166, 188.)

Radiolarien. Keine Classe von Organismen ist uns so lange unbekannt geblieben, und ist durch die überraschenden Entdeckungen der letzten Decennien plötzlich in ein so helles Licht gestellt worden, wie die der Radiolarien (vergl. 4, § 251—260). Vor einem halben Jahrhundert wussten wir von diesen wunderbaren Rhizopoden fast noch Nichts; heute erscheinen sie als eine der wichtigsten Plankton-Classen [2]). Diese formenreichsten von allen einzelligen Organismen bilden eine r e i n o c e a n i s c h e C l a s s e, und leben schwimmend in allen Meeren, vorzugsweise jedoch in den wärmeren.

---

1) Die wichtigen Beziehungen dieser pelagischen Polythalamien zur übrigen Fauna des Plankton einerseits, sowie ihre Bedeutung für die Bildung des „Globigerina-Ooze" andererseits, sind von MURRAY ausführlich erörtert worden (6, S. 919). Ich stimme ihm vollkommen in der Ansicht bei, dass diese o c e a n i s c h e n G l o b i g e r i n i d e n echte pelagische Rhizopoden sind, welche theils nur an der Oberfläche oder in geringer Tiefe (autopelagisch), theils in verschiedenen Tiefen-Zonen schwebend vorkommen (zonarisch); sie sind aber nicht benthonisch. Die ungeheuren Sedimente des Globigerinen-Schlammes rühren von den herabgesunkenen Kalkschalen der abgestorbenen pelagischen Thiere her. Hingegen gehören die benthonischen Thalamophoren, welche theils abyssal, auf dem Grunde der Tiefsee, theils littoral, zwischen den Tangwäldern der Küsten kriechend leben, anderen Arten und Gattungen an; sie entwickeln eine viel grössere Formen-Mannichfaltigkeit. Die neritischen Thalamophoren, welche schwimmend in den Küsten-Gewässern vorkommen, sind zum Theil wieder durch besondere Formen characterisirt.

2) Nachdem EHRENBERG 1847 die fossilen Kieselschalen von einigen Hundert Arten aus Barbados beschrieben hatte, erhielten wir 1858 die erste Darstellung ihrer Organisation durch JOHANNES MÜLLER; in dem letzten Werk, mit dem dieser grosse Meister seine ruhmreiche Laufbahn schloss, beschrieb er 50 Arten, die er lebend im Mittelmeer beobachtet hatte (2). Als ich im Anschluss daran einen Winter-Aufenthalt in Messina ihrer weiteren Erforschung widmete, konnte ich

Zahlreiche Arten kommen auch an den Küsten vor; doch sind diese von denen des offenen Meeres nicht verschieden; sie constituiren keine besondere neritische Fauna. Ungeheure Schaaren von Radiolorien kommen ebenso wohl an der Oberfläche des Oceans, als in verschiedenen Tiefen vor. Schon JOHANNES MÜLLER bemerkt: „Es handelt sich um ein grosses Phänomen, dass Acanthometren täglich bei ruhiger See und unabhängig von Stürmen zu Tausenden gefischt werden, dass von manchen Polycystinen-Arten während des letzten Aufenthalts am Meere Hunderte von Individuen gesehen sind" (2, p. 25). Ich selbst habe die Naturgeschichte der Radiolarien auf Hunderten von Barkenfahrten, an den verschiedenen Küsten, die ich seit 1856 besuchte, eingehend zu erforschen gesucht. Das bei weitem reichste Beobachtungs-Material lieferten mir jedoch die unvergleichlichen Sammlungen des „Challenger". Die daraus gewonnenen Resultate sind im Report 1887 mitgetheilt. Mit besonderer Beziehung auf die hier zu erörternden Verhältnisse des Plankton hebe ich folgende Sätze hervor: 1) Radiolarien kommen massenhaft in allen Meeren vor, welche mittleren Salzgehalt besitzen, und welche nicht (wie die Ostsee) starken Zufluss von süssem Wasser erhalten. 2) In den kälteren Meeren finden sich nur wenige Arten (hauptsächlich Acantharien), aber ungeheure Massen von Individuen; nach dem Aequator hin nimmt die Formen-Mannichfaltigkeit stetig zu. (Horizontale Verbreitung, vergl. 4, § 226—231.) 3) Die Hauptgruppen der Radiolarien sind in den fünf Bathyzonen oder Tiefengürteln des offenen Oceans ungleichmässig vertheilt: die Subclasse der Porulosen (die beiden Legionen der *Spumellarien* und *Acantharien*) bewohnen vorzugsweise die beiden oberen Gürtel; hingegen die Subclasse der

1862 in der daraus hervorgehenden Monographie 144 neue Arten, im Ganzen 113 Genera und 15 Familien unterscheiden (3). Aber diese reiche „Radiolarien-Fauna von Messina" gab noch keine Vorstellung von den ungeheuren Massen dieser zierlichen Geschöpfe, welche den offenen Ocean bevölkern, und deren mannichfach gestaltete Kieselschalen, nach dem Tode zu Boden sinkend, das wunderbare Sediment des „Radiolarian-Ooze" bilden. Diese wurden erst 13 Jahre später durch den Challenger entdeckt. Die Untersuchung der fabelhaften Radiolarien-Schätze, welche diese Expedition (hauptsächlich aus dem Pacifischen Ocean) heimbrachte, hat zur Unterscheidung von 20 Ordnungen, 85 Familien, 739 Genera und 4318 Species geführt (4, § 256). Weitere Untersuchungen des Radiolarien-Schlammes der Tiefsee werden noch zahlreiche neue Formen aus dieser unerschöpflich reichen Fundgrube zu Tage fördern.

Osculosen (*Nassellarien* und *Phaeodarien*) mehr die drei unteren Gürtel. (Verticale Verbreitung, 4, § 232—239.) Die Abhängigkeit ihres Auftretens von den verschiedenen Lebens-Bedingungen hat Brandt untersucht (24, p. 102).

IV. D. Coelenteraten des Plankton.

Die Stamm-Gruppe der Coelenteraten besitzt für die Natur-geschichte des Plankton hervorragende Bedeutung und vielseitiges Interesse; jedoch gilt dies in sehr verschiedenem Maasse für die verschiedenen Hauptgruppen dieses formenreichen Kreises (vergl. 30, p. 522). Die grosse Hauptklasse der S p o n g i e n , welche aus-schliesslich dem Benthos angehört, hat sich niemals an pelagische Lebensweise angepasst. Auch das Phylum der P l a t o d e n braucht hier nicht weiter berücksichtigt zu werden. Wir kennen allerdings eine geringe Anzahl von pelagischen Turbellarien und Trematoden; Arnold Lang führt in seiner Monographie der Seeplanarien oder Polycladen (1884, p. 629) als „rein pelagisch" oder oceanisch 8 Arten und 4 Gattungen auf (*Planocera*, *Stylochus*, *Leptoplana*, *Planaria*); parasitische Trematoden (*Monostoma*, *Distoma* u. A.) finden sich nicht selten als „pelagische Schmarotzer" in Medusen, Siphonophoren und Ctenophoren. Allein sowohl diese Trematoden als jene Turbellarien finden sich doch meistens nur vereinzelt vor, sie treten niemals in jenen Massen auf, welche für die Mehrzahl der Plankton-Thiere characteristisch sind. Um so wichtiger ist für uns der dritte Stamm der Coelenteraten, die vielgestaltige Hauptgruppe der N e s s e l t h i e r e oder Cnidarien (30, p. 524).

Cnidarien. Mit Bezug auf die Lebensweise und die dadurch bestimmte Gestalt kann man die ganze Gruppe der C n i d a r i e n in zwei grosse Hauptabtheilungen zerlegen, welche der älteren Systematik seit Cuvier zu Grunde lagen: Polypen und Acalephen. Die P o l y p e n (im Sinne der älteren Zoologen) umfassen alle Nesselthiere, welche auf dem Boden des Meeres festsitzen, H y d r o-p o l y p e n sowohl als S c y p h o p o l y p e n (Anthozoen); sie gehören fast ausschliesslich dem Benthos an; nur einzelne Formen haben sich der pelagischen Lebensweise angepasst (Minyaden, *Arachnactis*, Larven von Actinien, Cereanthiden und einigen anderen Korallen). Die zweite Hauptabtheilung der Nesselthiere, die A c a l e p h e n , umfassen im Sinne ihres ersten Bearbeiters, Eschscholtz (1829), die drei Classen der Medusen, Siphonophoren und Ctenophoren; sämmtlich schwimmende Seethiere, welche durch ihren Formen-reichthum, ihre allgemeine Verbreitung im Ocean und ihr massenhaftes Auftreten eine hervorragende Wichtigkeit für die Plankton-Studien besitzen. Da die oben erwähnten pelagischen Polypen (Minyaden u. s. w.) im Ganzen selten sind, und niemals in grossen Massen erscheinen, brauchen wir sie hier nicht weiter zu berücksichtigen; um so wichtiger sind die Acalephen, welche der Plankton-Forschung eine Fülle von interessanten Problemen darbieten. Gewöhnlich werden alle diese Thiere schlechtweg als „pelagische" bezeichnet. Eine genauere Betrachtung lehrt uns jedoch, dass sie dies in sehr verschiedenem Sinne sind, und dass die Unterscheidung, welche wir oben in Bezug auf chorologische Begriffe vorgeschlagen haben, hier ihre volle Anwendung findet Wir wollen in dieser Hinsicht zunächst die Medusen, dann die Siphonophoren und Ctenophoren betrachten.

Medusen. Das besondere Interesse, welches ich seit dem Jahre 1854, seit meiner ersten Bekanntschaft mit lebenden Medusen, für diese wundervolle Thierclasse gehegt und auf meinen zahlreichen pelagischen Fahrten ausgebildet habe, führte mich zur Ausarbeitung ihrer Monographie (1879); zugleich erwarb ich dadurch eine Anzahl von bestimmten chorologischen und öcologischen Anschauungen, welche auf den weiteren Verlauf meiner Plankton-Studien von bleibendem Einfluss waren. Dabei wurde namentlich bestimmend die Erkenntniss, dass die ganze Abtheilung der Medusen polyphyletisch ist, und dass sich einerseits die Craspedoten (oder Hydromedusen) ebenso selbständig aus Hydropolypen entwickelt haben, wie andererseits die Acraspeden (oder Scyphomedusen) aus Scyphopolypen. In beiden analogen Fällen hat die Anpassung an die pelagische, frei schwimmende Lebensweise dazu geführt, aus einem niederen, festsitzenden Benthos-Thier von sehr einfacher Organisation ein viel höheres Plankton-Metazoon mit differenzirten Geweben und Organen hervorzubilden; eine Erkenntniss, welche für unsere allgemeinen Anschauungen von der Phylogenie der Gewebe eine hohe Bedeutung erlangt hat. Mit Bezug auf die Ontogenese oder die individuelle Entwicklungsgeschichte der Medusen habe ich in jener Monographie allgemein zwei Hauptformen unterschieden, Metagenese und Hypogenese. Von diesen betrachte ich die Metagenese, den Generationswechsel mit Polypen, als die primäre oder palingenetische Form; hingegen die Hypogenese, die „directe Entwicklung" ohne Generationswechsel, als die secundäre, abgekürzte oder ceno-

genetische Form. Diese Unterscheidung ist auch für die
Chorologie insofern sehr wichtig, als die oceanischen Medusen
vorwiegend Hypogenese, die neritischen hingegen Metagenese
besitzen. Zu den oceanischen Medusen rechne ich (im Grossen und
Ganzen) unter den Craspedoten die Trachylinen (Trachy-
medusen und Narcomedusen), zu den neritischen die Leptolinen
(Anthomedusen und Leptomedusen; vergl. **29**, p. 233). Während
die ersteren jede Beziehung zu den benthonischen Polypen ver-
loren haben, hat sich dieselbe bei den letzteren durch Vererbung
erhalten. Dasselbe scheint auch für die Mehrzahl der Acraspeden zu gelten, namentlich der Discomedusen; unter diesen
giebt es nur wenige oceanische Gattungen mit Hypogenese, z. B.
Pelagia. Die Entwickelung der kleineren, aber sehr wichtigen
Acraspeden-Ordnungen, welche ich als Stauromedusen, Peromedusen
und Cubomedusen unterschieden habe, ist leider noch fast ganz
unbekannt; die ersteren dürften neritisch und metagenetisch sein,
die beiden letzteren hingegen oceanisch und hypogenetisch. Dass die
Mehrzahl der grossen Discomedusen neritisch und nicht oceanisch
ist, ergiebt sich schon aus ihrer beschränkten localen Verbreitung.

Während noch vor zehn Jahren die Medusen fast allgemein für
rein pelagische Thiere galten, hat sich jetzt herausgestellt, dass
ein gewisser (vielleicht bedeutender) Theil derselben zonarisch oder
bathybisch ist. Unter den 18 Tiefsee-Medusen, welche ich im
XII. Theil des Challenger-Report (1881) beschrieben habe, sind
allerdings mehrere Formen, die auch an der Oberfläche vorkommen,
und einige, die vielleicht zufällig beim Heraufziehen in das Taunetz gelangt sind. Andere aber sind sicher echte Tiefsee-Bewohner,
so die Pectylliden unter den Craspedoten, die Periphylliden und
Atolliden unter den Acraspeden. Einige Medusen haben die
schwimmende Lebensweise theilweise oder ganz aufgegeben, so z. B.
Polyclonia, *Cephea* und andere Rhizostomen, welche mit dem
Rücken auf den Meeresboden liegen, den vielmündigen Tentakel-
busch nach oben gerichtet. Die Lucernariden sind ganz zum
Benthos übergegangen. Viele Medusen sind spanipelagisch, steigen
nur in einzelnen Monaten (behufs Fortpflanzung?) an die Oberfläche und bringen den grössten Theil des Jahres in der Tiefe zu,
so im Mittelmeere die schöne *Cotylorrhiza tuberculata*, *Charybdea
marsupialis*, *Tima flavilabris* und *Olindias Mülleri*; diese bathybischen Formen werden gelegentlich massenweis mit den Grund-
netzen heraufgebracht (**19**, p. 122); manche klammern sich mit
den Tentakeln an Algen und andere Objecte an (**20**, p. 341).

Die ungeheuren Schwärme, in denen die Medusen zeitweise auftreten, in Millionen von Personen dicht zusammengedrängt, sind allen seefahrenden Naturforschern bekannt; so in den arktischen Gewässern *Codonium princeps, Hippocrene superciliaris,* in der Nordsee *Tiara pileata, Aglantha digitalis,* im Mittelmeer *Liriantha mucronata, Rhopalonema velatum,* in den Tropen *Cytaeis nigritina,* im antarktischen Ocean *Hippocrene mocloviana* u. A. HENSEN (9, p. 65) begegnete in der Nordsee einem Schwarme von *Aglantha,* dessen Personen-Zahl er auf 23,5 Billionen berechnete. Die Ausdehnung dieser Schaaren war so gross, dass „der Gedanke, zufällig in einen Schwarm dieser Thiere hineingerathen zu sein, aufgegeben werden musste". In solchen Fällen erscheint das ganze Meer ein paar Tage — oder selbst Wochen — hindurch voll von Medusen, und dann wieder können Wochen — oder selbst Monate — vergehen, ehe man einem Individuum begegnet. Die Ungleich- mässigkeit der Erscheinung, das „Launenhafte dieser reizenden Schönen" — oder mit anderen Worten die Abhängigkeit von vielen verschiedenen, uns grossentheils unbekannten Ursachen — tritt uns in dieser interessanten Thiergruppe besonders auffallend entgegen, wesshalb ich hier, auf Grund vielfacher eigener Erfahrungen, besonders darauf aufmerksam machen wollte.

Siphonophoren. Dasselbe, was ich eben von der ungleich- mässigen Verbreitung der Medusen bemerkte, gilt auch von ihren wundervollen Descendenten, der rein oceanischen Classe der Siphonophoren. Auch diese höchst interessante Thierclasse galt noch vor wenigen Jahren für rein pelagisch; auch von ihr hat sich jetzt herausgestellt, dass sie zum grossen Theil bathypelagisch, zum Theil selbst zonarisch und bathybisch ist. Die neue und ganz eigenthümliche Gruppe der Auronecten (*Stephaliden* und *Rhodaliden*), vom Challenger in Tiefen von 200—600 Faden gefischt, ist in meinem „Report on the Siphonophora of H. M. S Challenger" beschrieben (1888, p. 296). Die *Bathyphysa* von STUDER und einige von der „Gazelle" gefischte Rhizophysiden (*Aurophysa, Linophysa*) wurden aus 600—1600 Faden Tiefe gehoben (l. c.). Dass aber solche Tiefsee-Siphonophoren (wahrscheinlich meistens Rhizophysiden) in grossen Massen den Ocean bewohnen, wurde erst von CHIERCHIA nachgewiesen (8, p. 84—86). Schon bei zahl- reichen Lothungen, welche der „Vettor Pisani" im Atlantischen und Pacifischen Ocean unternommen hatte, fand sich das Tau des gehobenen Tiefsee-Lothes von den abgerissenen Fangfäden grosser

Siphonophoren umschlungen. Mittelst des neuen, von Palumbo erfundenen Schliessnetzes, gelang es ihm, auch die ganzen Thiere aus bestimmten Tiefen emporzuholen. Aus diesen Erfahrungen schliesst *Chierchia*, „dass gewisse characteristische Arten von Siphonophoren in grosser Menge in bedeutenden Tiefen leben, von 1000 Meter oberhalb des Grundes an aufwärts, die stärksten und resistentesten in der Tiefe, die schwächeren höher oben" (8, p. 86). Andere Siphonophoren, die zu den häufigsten Formen der Oberfläche gehören, gehen zugleich in bedeutende Tiefen hinab, so Diphyes Sieboldii (15, p. 12). Von *Hippopodius luteus*, der im Winter und Frühjahr sehr häufig ist, im Sommer ganz verschwindet, leben nach Chun die Larven in grösseren Tiefen, bis 1200 Meter (15, p. 14). Andere Formen sind spanipelagisch und kommen nur auf kurze Zeit, ein paar Wochen jährlich an die Oberfläche, so viele Physonecten. Aus diesen und anderen Gründen ist die Theilnahme der Siphonophoren an der Zusammensetzung des Plankton, ebenso wie diejenige ihrer Stammeltern, der Hydromedusen, äusserst ungleichmässig, und ihr Erscheinen an der Meeresoberfläche ist dem auffallendsten Wechsel unterworfen.

Ctenophoren. Auch diese Cnidarien-Classe ist, gleich der vorhergehenden, rein oceanisch, nicht neritisch. Auch sie zeigt dieselben auffallenden Erscheinungen der pelagischen Verbreitung, wie die Siphonophoren und Medusen: massenhaftes Auftreten in grossen Schwärmen, plötzliches Verschwinden für lange Zeit, unberechenbare Ungleichmässigkeit in der Theilnahme an der Plankton-Bildung. Die Tabellen, welche Schmidtlein auf Grund dreijähriger Beobachtungen über ihr periodisches Erscheinen im Golfe von Neapel gegeben hat, sind für alle drei Classen der planktonischen Cnidarien sehr instructiv (19, p. 120). Auch die Ctenophoren galten bis vor Kurzem für autopelagische Thiere; auch von ihnen hat sich jetzt herausgestellt, dass sie massenweis in verschiedene, zum Theil bedeutende Tiefen hinabgehen. Chun hat in seiner Monographie der Ctenophoren von Neapel (1880, p. 236 bis 238) gezeigt, dass auch diese zartesten aller pelagischen Thiere ebenso bedeutende verticale als horizontale Wanderungen unternehmen. Viele Ctenophoren, welche im Frühjahr als Larven an der Oberfläche sich finden, steigen später hinab, bringen den Sommer in der kühleren Tiefe zu, und steigen erst im Herbst wieder als ausgebildete Thiere in Massen zur Oberfläche. Die Ungleichmässigkeit ihres Erscheinens betont auch Graeffe (20, p. 361).

IV. E. Helminthen des Plankton.

Der Stamm der Helminthen oder „Wurmthiere" (das Leidenskreuz der systematischen Zoologie!) gewinnt an natürlicher Einheit und an logischer Definirbarkeit sehr bedeutend, wenn man die Platoden und Anneliden daraus entfernt; erstere zu den Coelenteraten, letztere zu den Articulaten stellt. Ich habe die Berechtigung dieser Abgrenzung, und zugleich die Gründe, wesshalb die Wurmthiere als die gemeinsame Stammgruppe der höheren Thierstämme anzusehen sind, bereits in der Gastraea-Theorie (1873) und mehrfach bei späteren Gelegenheiten erörtert, zuletzt in der VIII. Aufl. meiner „Natürl. Schöpfungsgeschichte" (1889, p. 540). Es bleiben dann als Helminthen im engeren Sinne vier Hauptclassen übrig mit ungefähr zwölf Classen, nämlich: 1. die Rotatorien (Trochosphaeren, Ichthydinen, Rotiferen); 2. die Strongylarien (Nematoden, Acanthocephalen, Chaetognathen); 3. die Rhynchocoelen (Nemertinen, Enteropneusten); 4. die Prosopygien (Bryozoen, Brachiopoden, Phoroneen, Sipunculeen). Von vielen dieser Wurmthiere haben sich die Larven der pelagischen Lebensweise angepasst; doch sind sie meistens zu klein und kommen zu vereinzelt im Plankton vor, um für dessen Zusammensetzung von besonderer Bedeutung zu sein.

Chaetognathen. Nur eine einzige Classe von Helminthen spielt im ausgebildetem Zustande eine selbstständige und sogar eine hervorragende Rolle im Plankton, die kleine und eigenthümliche Classe der Pfeilwürmer oder Chaetognathen (*Sagitta*, *Spadella* etc.). Dieselben gehören nebst den Copepoden, Salpen, Pteropoden und Radiolarien zu den wesentlichsten, fast allgemein verbreiteten und fast niemals fehlenden Bestandtheilen des Plankton. Ueber die ungeheuren Zahlen in denen sie auftreten, hat HENSEN Berechnungen angestellt (9, p. 59). Er rechnet sie zu dem „perennirenden Plankton", findet jedoch selbst „durchaus nicht die Gleichmässigkeit, die man erwarten möchte"; er ist überrascht über die „höchst auffallenden Schwankungen" ihrer Mengen und findet diese sehr ungleiche Vertheilung räthselhaft (9, p. 60). CHUN hat neuerdings gezeigt, dass die Sagitten-Schaaren nicht nur die Meeres-Oberfläche bevölkern, sondern auch „gemeinsam mit den Radiolarien, Tomopteriden, Diphyiden und Crustaceen die häufigsten und constantesten Bewohner der grösseren Tiefen bilden. In zahllosen Mengen gerathen sie sowohl in das offene,

wie in das Schliessnetz, von 100 Meter an bis zu 1300 Meter"
(15, p. 17). Es scheint, dass die Sagitten — sämmtlich rein
oceanisch — sowohl durch pelagische, als durch zonarische
und bathybische Arten vertreten sind (6, p. 903).

IV. F. Mollusken des Plankton.

Der Stamm der Mollusken spielt im Plankton eine sehr bedeutende Rolle. Obgleich die grosse Mehrzahl der Gattungen und
Arten dem Benthos angehört, sind doch die wenigen Familien,
welche sich der pelagischen Lebensweise angepasst haben, von
hervorragender Bedeutung, namentlich durch die grossen Schwärme,
in denen sie massenhaft auftreten. Die drei Hauptclassen, welche
wir in diesem Stamm unterscheiden (30, p. 546), verhalten sich
sehr verschieden. Die Acephalen, sämmtlich benthonisch,
können nur als schwimmende Larven an der Zusammensetzung
des Plankton Theil nehmen, ebenso wie die schwärmenden Larven
vieler meroplanktonischen Gastropoden. Von diesen haben sich
nur sehr wenige Gattungen der pelagischen Lebensweise völlig
angepasst, so *Ianthina* unter den Prosobranchiern, *Glaucus* und
Phyllirrhoë unter den Opisthobranchiern.

Pteropoden und Heteropoden. Diese beiden Schnecken-
Gruppen sind holoplanktonische, meistens nyctipelagische Thiere,
die vorzugsweise während der Nacht in ungeheuren Massen an
die Meeresoberfläche kommen (14, p. 121—125). Chun hat neuerdings gefunden, dass viele von ihnen in beträchtliche Tiefen hinab-
steigen (15, p. 36). Einzelne Arten von Pteropoden (z. B. *Spirialis*)
scheinen der zonarischen und bathybischen Fauna anzugehören.
Von geringerer Bedeutung sind im Ganzen die Heteropoden;
sie treten seltener und nur in gewissen Theilen der wärmeren Meere,
in grossen Schwärmen auf. Die Pteropoden hingegen sind den
ersteren nicht allein durch viel grössere Mannichfaltigkeit der
Genera und Species überlegen, sondern namentlich durch ihre
massenhafte Entwickelung in allen Theilen des Oceans. *Clio* und
Limacina treten bekanntlich im arktischen und antarktischen Ocean
in so ungeheuren Schaaren auf, dass sie die Hauptnahrung der
Walfische bilden. Aber auch die Schaaren von *Creseis*, *Hyalea*
u. A., welche in den Meeren der wärmeren und gemässigten Zone
erscheinen, sind so bedeutend, dass diese flatternden „Seeschmetter-
linge (Farfalle di mare") offenbar eine höchst wichtige Rolle im
„Stoffwechsel des Meeres" spielen. Wie ungleichmässig aber auch

hier die Verbreitung und Erscheinung ist, zeigt der Umstand, dass
HENSEN während seiner Plankton-Expedition durch die Nordsee
(Juli und August 1887) Pteropoden fast ganz vermisste (9, p. 59;
10, p. 116). Hingegen fanden wir an der Nordwest-Küste von
Schottland, als ich im August 1879 mit J. MURRAY bei Scourie
fischte, so ungeheure Massen von *Limacina* (Vormittags bei stillem
Wetter), dass diese Pteropoden sicher mehr als $^9/_{10}$ des ganzen
Plankton ausmachten, und wir mit einem Eimer-Zuge viele Tausende
schöpfen konnten. Die Masse des Schwarmes hatte dieselbe Dichtigkeit bis unter 2 m Tiefe und in einer horizontalen Ausdehnung
von mehr als einem Quadratkilometer.

Cephalopoden. Obgleich sämmtlich schwimmende Seethiere,
fallen diese höchst entwickelten Mollusken zum grössten Theil nicht
unter den Begriff des Plankton, wenn man denselben mit HENSEN
auf die „willenlos im Meere treibenden Thiere" beschränkt (9, p. 1).
Sie müssen dann, gleich den Fischen, zum „Nekton" gerechnet
werden; natürlich hängt es dann aber im einzelnen Falle ganz
von der Stärke der Meeresströmung ab, ob man die kleinen Cephalopoden zum ersteren oder letzteren rechnen soll. Auf jeden Fall
ist diese höchst entwickelte Mollusken-Classe für die Physiologie
des Plankton, die Frage vom „Stoffwechsel des Meeres" von der
höchsten Bedeutung; denn einerseits vertilgen sie täglich ungeheure
Massen von Crustaceen, Pteropoden, Sagitten, Medusen und anderen
Plankton-Thieren; andererseits liefern sie selbst die wichtigste
Nahrung für viele Fische und Cetaceen. Aus den neueren Untersuchungen geht hervor, dass die Cephalopoden theils pelagisch,
theils zonarisch oder bathybisch sind (*Spirula*, *Nautilus* etc.).
Characteristische kleine, durchsichtige D e c o l e n e n (*Loligopsiden*)
sind theils als pelagische, theils als bathybische Arten erkannt
worden (15, p. 36). Aehnliches gilt auch von einigen O c t o l e n e n
(*Philonexiden*). Jugendformen von Cephalopoden werden schwimmend im Plankton sowohl der Oberfläche als der Tiefen gefischt.

IV. G. Echinodermen des Plankton.

Die Sternthiere zeigen, wie in vielen anderen morphologischen
und physiologischen Beziehungen, so auch in ihrer Bedeutung für
das Plankton höchst eigenthümliche und abweichende Verhältnisse.
Obgleich alle Echinodermen ohne Ausnahme reine Seethiere sind,
und keine einzige Form dieses grossen Stammes das Süsswasser
bewohnt, hat sich dennoch keine einzige Art dem Plankton-Leben

völlig angepasst. Kein einziges Echinoderm kann im erwachsenen
und geschlechtsreifen Zustande als pelagisch bezeichnet werden.
Die wenigen Formen, welche zeitweise etwas umherschwimmen
(Comatuliden), gehören zur neritischen Fauna und treiben nicht
in den Ocean hinaus; auch treten sie in so geringer Menge auf,
dass sie für das Plankton ohne Bedeutung sind.

Um so wichtiger sind für uns die freischwimmenden Echinodermen-Larven, welche im neritischen Plankton häufig eine
grosse Rolle spielen. Dieselben sind zugleich classische Objecte
für die Geschichte der Plankton-Forschung; denn bei ihrer Auf-
suchung wendete ihr Entdecker, JOHANNES MÜLLER, vor 45 Jahren
zuerst die Methode der „pelagischen Fischerei mit dem feinen
Netze" an, welche bald zu so überraschenden und glänzenden Ergebnissen führte. Die Verbreitung und Zahl der Sternthier-Larven
ist natürlich zunächst abhängig von derjenigen ihrer benthonischen
Eltern; ausserdem aber auch von anderen theils chorologischen,
theils öcologischen Ursachen. Nach Sir WYVILLE THOMSON (14,
II, p. 217—245; 6, p. 379) ist die merkwürdige, von MÜLLER
entdeckte und meisterhaft geschilderte Metamorphose die Regel
nur bei den littoralen Formen, hauptsächlich in der gemässigten
und warmen Zone; hingegen ist sie eine Ausnahme bei den meisten,
direct sich entwickelnden Sternthieren der Tiefsee und der kalten
Zone, sowohl in dem arktischen, als auch besonders im antarktischen
Ocean. Daher treten grosse Schaaren von pelagischen Larven derselben gewöhnlich nur im neritischen Plankton der gemässigten und warmen Zone auf, nicht im offenen Ocean. In die
Tiefe (unter 100 m) scheinen sie selten zu gehen (15, p. 17).
Ausserdem ist ihr Auftreten natürlich an die Jahreszeit ihrer Entwickelung, oft nur an wenige Monate gebunden (9, p. 62). Die
Verschiedenheit der Zusammensetzung des „periodischen Plankton"
ist gerade hier sehr auffallend.

IV. II. Articulaten des Plankton.

Von den drei Hauptclassen, welche wir im Stamme der Glieder-
thiere unterscheiden (30, p. 570), nehmen zwei an der Zusammensetzung des Plankton fast gar keinen Antheil, die Anneliden
und Tracheaten; beide sind nur durch wenige pelagische Gattungen vertreten, und diese haben eine beschränkte Verbreitung.
Um so grösser ist die Bedeutung der dritten Hauptclasse, der
Crustaceen. Es ist die einzige Thierclasse, welche im Auf-

triebe des Taunetzes niemals (oder doch nur ganz ausnahmsweise) fehlt, und welche gewöhnlich so massenhaft erscheint, dass ihre dominirende Stellung in der Thierwelt des Meeres auf den ersten Blick klar wird. Das gilt ebenso vom oceanischen wie vom neritischen Plankton, ebenso vom littoralen wie vom abyssalen Benthos.

Anneliden. Die grosse Masse dieses formenreichen Stammes gehört dem Benthos an und ist ebenso in der abyssalen wie in der littoralen Fauna durch zahlreiche kriechende und festsitzende Arten vertreten. Nur sehr wenige Ringelthiere haben sich der pelagischen Lebensweise angepasst und haben die charakteristische hyaline Beschaffenheit der oceanischen Glasthiere angenommen, die schwimmenden Tomopteriden und Alciopiden. Beide Familien sind im Plankton nur durch wenige Gattungen und Arten vertreten, und in der Regel ist auch ihre Individuen-Menge nicht sehr beträchtlich. Chun hat neuerdings mittelst des Schliessnetzes nachgewiesen, dass beide Formen, *Tomopteris* sowohl als *Alciope*, in den tieferen Schichten, von 500—1300 m, durch eigenthümliche zonarische und bathybische Arten vertreten sind, welche sich von den pelagischen Arten der Oberfläche durch characteristische Merkmale unterscheiden. „Der Reichthum an solchen Alciopiden (und Tomopteriden) in allen Tiefen von 100 m an ist geradezu überraschend, und es gewährt einen fesselnden Anblick, wenn die prächtigen durchsichtigen Würmer oft zu Dutzenden lebhaft schlängelnd in den Gefässen sich durch das Gewimmel der sonstigen Formen drängen" (**15**, p. 24).

Crustaceen. Durch ihre allgemeine öcologische Bedeutung, durch die universale Verbreitung über alle Theile des Oceans und vor Allem durch die unglaubliche Fruchtbarkeit und die dadurch bedingte Massenhaftigkeit ihres Auftretens, übertreffen die Crustaceen alle anderen Thierclassen; in der Physiologie des Plankton gebührt ihnen der erste Rang im Thierreich, ebenso wie den Diatomeen im Pflanzenreich. Im Ganzen genommen haben sie für das organische Leben des Oceans dieselbe beherrschende Wichtigkeit, wie die Insecten für die Fauna und Flora des Festlandes. In ähnlicher Weise wie der verwickelte „Kampf um's Dasein" auf letzterem eine Masse von merkwürdigen öcologischen Beziehungen und dadurch bedingten morphologischen Differenzirungen innerhalb der Insecten-Classe hervorgerufen hat, ist er im Ocean innerhalb der Crustaceen-Classe thätig gewesen. Indessen sind die zahlreichen Ordnungen und Familien dieser formenreichen Classe in sehr verschiedenem Maasse an der Zusammensetzung des Plankton betheiligt. Alle anderen Ordnungen übertrifft bei Weitem die Ordnung der Copepoden; demnächst folgen die Ostracoden und Schizopoden, darauf die Phyllopoden, Amphipoden und Decapoden. Die übrigen Ordnungen der Krustenthiere sind an der Zusammensetzung des Plankton in weit geringerem Maasse, zum Theil nur sehr wenig betheiligt. Doch ist hinzuzufügen, dass Larven aus allen Ordnungen in grosser Zahl darin auftreten können. So erscheinen z. B. die pelagischen Larven von festsitzenden benthonischen Cirripedien oft so massenweis im neritischen Plankton, dass sie $^4/_5 - ^9/_{10}$ oder noch mehr von der ganzen Masse desselben zusammensetzen.

Die Chorologie der Crustaceen bietet der Plankton-Forschung eines der wichtigsten und interessantesten Arbeitsfelder, dessen Bearbeitung kaum noch begonnen hat; das gilt ebenso von der Geographie wie von der Topographie der oceanischen und neritischen Krustenthiere, ebenso von ihrer horizontalen wie ihrer verticalen Verbreitung, ebenso von ihren Beziehungen zu den benthonischen Crustaceen, wie zu der marinen Fauna und Flora im Allgemeinen. Als ein sehr wichtiges Ergebniss der neueren Entdeckungen, in erster Linie wieder des Challenger, muss hier noch besonders hervorgehoben werden, dass bei verschiedenen Gruppen der Crustaceen (ebenso wie der Radiolarien) sich die verticale Gliederung der planktonischen Fauna sehr deutlich unterscheiden lässt; pelagische, zonarische und bathybische Formen treten hier in ganz bestimmten Beziehungen auf.

Copepoden. Wie die Crustaceen überhaupt unter den Plankton-Thieren in öcologischer Beziehung die wichtigsten und einflussreichsten sind, so die Copepoden unter den Crustaceen. Von den unglaublichen Massen, in welchen diese kleinen Krustenthiere die Oberfläche sowohl als verschiedene Tiefen-Zonen des Oceans erfüllen, kann sich nur Derjenige eine vollkommene Vorstellung machen, der sie mit eigenen Augen gesehen hat. Tagelang kann das Schiff weite Strecken des Oceans durchsegeln, und immer bleibt seine Fläche mit demselben gelblichen oder röthlichen „Thierbrei" bedeckt, der zum weitaus grösseren Theil aus Copepoden besteht. In dem Journal, welches ich im Winter 1866/67 auf der canarischen Insel Lanzarote über die wechselnde Zusammensetzung des Plankton führte, steht an vielen Tagen nur die Bemerkung: „Fast reiner Copepoden-Mulder", oder „Auftrieb fast nur aus Crustaceen zu-

sammengesetzt, unter diesen ganz vorherrschend Copepoden". Dass
diese kleinen Crustaceen die Hauptnahrung vieler der wichtigsten
Nutzfische (z. B. der Häringe) bilden, ist längst bekannt. Im
arktischen sowohl als im antarktischen Ocean bilden *Calanus fin-
marchicus* und einige verwandte Arten überhaupt die Hauptmasse
des Plankton und liefern die Nahrung für Pteropoden und Cephalopoden, für Taucher und Pinguine, für viele Fische und Walfische.
Auf der Fahrt von Japan nach Honolulu segelte der Challenger
durch weite Strecken des nordpacifischen Oceans, welche mit
weissen und rothen Flecken bedeckt waren, bedingt durch massenhafte Anhäufung von zwei kleinen Copepoden-Arten (die rothen von
Calanus propinquus, 6, p. 758). Auch in vielen anderen Gebieten
des Oceans, vom Polarkreis bis zum Aequator, fuhr das Schiff
viele Meilen weit durch weisse Bänder, fast bloss aus Copepoden
zusammengesetzt (6, p. 843). Indessen gilt auch für diese wichtigste Gruppe der Plankton-Thiere dasselbe, wie für alle Anderen,
dass ihr Auftreten se h r u n g l e i c h m ä s s i g und von vielen Bedingungen abhängig ist. Zwei Tage lang fuhr der Challenger
durch dichte Bänke von *Corycaeus pellucidus*; vom dritten Tage
an war dieser Copepode völlig verschwunden. Ueber das Auftreten der Copepoden in der Nordsee und Ostsee hat HENSEN ausführliche statistische Angaben gemacht (9, p. 45). Dass diese
Ordnung nicht bloss an der Oberfläche, sondern auch bis zu bedeutenden Tiefen (600—1300 m) eine höchst bedeutende Rolle
spielt, hat neuerdings CHUN gezeigt (15, p. 25): „Ihre Massenhaftigkeit und Formenfülle in grösseren Tiefen ist geradezu erstaunlich; Larvenformen festsitzender oder auf dem Grunde lebender Arten mischen sich mit den Jugendformen und geschlechtsreifen Stadien eupelagischer Arten bunt durch einander. Manche
Arten, die bisher als Raritäten galten, sind häufig in der Tiefe
vertreten." Hingegen scheint die Ordnung in sehr grossen Tiefen
nur schwach vertreten zu sein; der Challenger fand nur eine sehr
characteristische Tiefsee-Art in 2200 Faden: *Pontostratiotes abyssi-
colla* (6, p. 845). Einige Gattungen verlassen nie die Oberfläche
und sind autopelagisch, so *Pontellina* (15, p. 27).

Ostracoden. Die Muschelkrebse sind nächst den Copepoden
die wichtigsten Crustaceen des Plankton und sind sowohl an der
Oberfläche, als in verschiedener Tiefe durch Massen von vielen
Arten vertreten; sie spielen in der Oecologie des Oceans eine
ähnliche Rolle, wie die nahe verwandten Cladoceren (Daphniden)

im süssen Wasser. Der Challenger sammelte 221 Arten von Ostracoden, von denen 52 unter 500 Faden, 19 unter 1500, und noch
8 Arten unter 2000 Faden Tiefe gefunden wurden. Viele Ostracoden gehören, ebenso wie viele Copepoden und andere Crustaceen, zu den wichtigsten Leuchtthieren des Oceans. Das Meerleuchten im Indischen Ocean konnte ich sowohl auf meiner Hinreise nach Ceylon (Anfang November 1881) als auf der Rückreise
(Mitte März 1882) in einer Pracht bewundern, wie nie zuvor;
„der ganze Ocean, soweit das Auge reichte, war ein zusammenhängendes funkelndes Lichtmeer. Die mikroskopische Untersuchung des geschöpften Wassers ergab, dass die leuchtenden
Thiere zum grössten Theile kleine Crustaceen (Ostracoden) waren,
zum kleineren Theile Medusen, Salpen, Würmer u. s. w. (25, p. 42,
372). Dieselbe prachtvolle Erscheinung beobachtete drei Jahre
später, in demselben Gebiete und in demselben Monate, drei
Nächte hinter einander, CHIERCHIA (8, p. 108). „La luce brillan-
tissima verde-smeralda era prodotta da una infinità di Ostracodi.‟

Schizopoden. Nicht weniger wichtig für das Plankton-Leben,
als die Ostrocoden — stellenweise noch bedeutender — sind die
Schizopoden. Auch sie kommen streckenweise in ungeheuren
Schwärmen vor, sowohl an der Oberfläche, als in geringeren und
grösseren Tiefen; auch sie spielen im Stoffwechsel des Meeres
eine grosse Rolle, einerseits indem sie Massen von Protozoen und
planktonischen Larven vertilgen, anderseits indem sie den Cephalopoden und Fischen zur Nahrung dienen. Viele Schizopoden gehören, gleich vielen Ostracoden und Copepoden, zu den prächtigsten
Leuchtthieren; und gleich den letzteren, liefern sie sehr interessante Probleme für die Bathygraphie des Plankton. G. O. SARS,
welcher das reiche, vom Challenger gesammelte Material bearbeitete, unterschied 57 Arten, und fand, dass 32 davon nur die
Oberfläche des Meeres bewohnen, 6 von 32—300 Faden, 4 von
300—1000, hingegen 11 von 1000—2000 Faden, und 4 unter 2000
Faden (bis 2740!) hinabgehen (6, p. 739). Auch CHUN entdeckte im Mittelmeere eine Anzahl neuer zonarischer und bathy-
bischer Schizopoden, sehr verschieden von den pelagischen Arten
der Oberfläche (*Stylochiron*, *Arachnomysis* etc., 15, p. 30).

Die P h y l l o p o d e n (Daphniden), die A m p h i p o d e n (Phro-
nimiden, Hyperiden) und die D e c a p o d e n (Miersiden, Serge-
stiden) sind zwar auch im Plankton durch eine Anzahl von interessanten, theils oceanischen, theils neritischen Formen vertreten;

uud einige von diesen treten auch in bedeutcnden Mengen stellen-
weis auf; aber im Ganzen sind sie bei weitem nicht von solcher
Bedeutuug, wie die Copepoden, Ostracoden und Schizopoden. Dasselbe gilt von den übrigen Gruppen der Crustaceen, wenngleich
viele von ihnen im Larvenzustand an der Zusammensetzung des
Plankton grossen Antheil nehmen. Auch für diese vielgestaltigen,
oft massenhaft auftretenden p e l a g i s c h e u C r u s t a c e e n -
L a r v e n wird die fortschreitende Plankton-Forschung, ebenso wie
für die ausgebildeten Krustenthiere, noch eine Fülle von Thatsachen festzustellen und zu erklären haben, namentlich in Bezug
auf ihre pelagische, zonarische und bathybische Verbreitung, ihre
Wanderungen, und die Verhältnisse, in denen diese Planktou-
Fauna zur Benthos-Fauna steht.

Insecten. Der mächtige Stamm der T r a c h e a t e n , die
formenreichste von allen Hauptabtheilungen des Thierreichs, ist
im Meere fast gar nicht vertreten. Die Protracheaten, Myriapoden
und Arachniden sind ausschliesslich Bewohner des Festlandes und
zum kleinen Theil des Süsswassers, abgesehen von den Pycno-
goniden oder Pantopoden (falls diese wirklich zu den Arachniden
gehören). Unter den Insecten giebt es nur eine einzige kleine
Gruppe von echten Seethieren, die Familie der H a l o b a t i d e n.
Diese kleinen, zu den Hemipteren gehörigen Insecten haben sich
ganz pelagischer Lebensweise angepasst und laufen auf der Oberfläche des tropischen Oceans ebenso umher, wie unsere Wasser-
läufer (*Hydrometra*) auf dem Spiegel des Süsswassers. Beide
dahin gehörige Gattungen (*Halobotes* und *Halobatodes*, mit etwa
einem Dutzend Arten) sind auf die tropische und subtropische
Zone beschränkt. Der Challenger fand sie im Atlantik zwischen
35⁰ N. Br. und 20⁰ S. Br., im Pacifik zwischen 37⁰ N. Br. und
23⁰ S. Br. Ich selbst beobachtete Halobates häufig im Indischen
Ocean, zwischen Aden und Ceylon, und an einzelnen Tagen
schaarenweis in der Nähe von Belligemma. Obgleich sie tauchen
können, gehen sie nicht in die Tiefe.

IV. J. Tunicaten des Plankton.

Der Stamm der Mantelthiere theilt sich hinsichtlich der
Lebens-Weise in zwei Hauptgruppen: die Ascidien gehören dem
Benthos an, alle übrigen Tunicaten dem Plankton. Die C o p e -
l a t e n (oder Appendiculariden) sind aus morphologischen Gründen
als die ältesten Glieder des Stammes, und als die nächsten, heute

noch lebenden Verwandten der Prochordonier zu betrachten, der hypothetischen gemeinsamen Stammformen der Tunicaten und Vertebraten (30, p. 605). Die nahe Verwandtschaft der Copelaten und der Ascidien-Larven macht es sehr wahrscheinlich, dass die ganze Classe der A s c i d i e n von den primär-pelagischen Copelaten abstammt und aus ihnen durch Anpassung an festsitzende Lebensweise hervorgegangen ist. Die L u c i d i e n oder Pyrosomiden hingegen sind wahrscheinlich secundär-pelagische Thiere, und stammen von den Coelocormiden, einer benthonischen Synascidien-Gruppe ab. Die T h a l i d i e n, sowohl die Dolioliden, als die Salpiden, sind als primär-pelagische Thiere anzusehen. Diese Verhältnisse sind doppelt interessant, weil die Tunicaten in ausgezeichneter Weise die Eigenthümlichkeiten demonstriren, welche die Anpassung einerseits an festsitzende Lebensweise im Benthos (bei den Ascidien), anderseits an freischwimmende Lebensweise im Plankton (bei allen übrigen Mantelthieren) hervorbringt. Die letzteren sind sämmtlich durchsichtige und leuchtende Glasthiere, arm an Gattungen und Arten, aber reich an Individuen-Massen. Die Ascidien hingegen, welche theils littoral an den Küsten, theils abyssal in der Tiefsee dem Boden aufsitzen, sind viel reicher an Gattungen und Arten, vielseitig den mannichfaltigen Local-Verhältnissen des Bodens angepasst, und meistens undurchsichtig. Die wenigen hyalinen Formen (z. B. Clavelinen) können als Ueberreste des älteren Ascidien-Stammes, der aus pelagischen Copelaten hervorging, angesehen werden.

Alle planktonischen Tunicaten sind exquisit o c e a n i s c h e Thiere, und alle können in ungeheuren Schwärmen von erstaunlicher Ausdehnung auftreten. MURRAY (6, p. 170, 521, 738 etc.) und CHIERCHIA (8, p. 32, 53, 75 etc.) trafen grossartige Schwärme von *Appendicularia, Pyrosoma, Doliolum* und *Salpa* mitten im offenen Ocean an, ebensowohl im Atlantischen als im Pacifischen Ocean, vorzugsweise in der Acquatorial-Zone. Dieselben beobachtete ich im Indischen Ocean, zwischen Ceylon und Aden. Ferner besitze ich ganze Flaschen voll dichtgedrängter Thalidien, welche Capitain RABBE mitten im Atlantischen, Indischen und Pacifischen Ocean gesammelt hat, weit entfernt von allen Küsten. Auch in vielen Reiseberichten werden diese schwimmenden und leuchtenden Schaaren von Salpen und Pyrosomen auf offenem Meere, weit von allen Küsten, erwähnt. Hingegen kennen wir k e i n e n e r i t i s c h e n T u n i c a t e n, keine besonderen Formen von schwimmenden Mantelthieren, welche sich nur an den Küsten finden; selbstverständlich ausgenommen die überall vorkommenden Ascidien-Larven.

Neuerdings hat CHUN die interessante Thatsache festgestellt, dass die planktonischen Tunicaten nicht nur an der Oberfläche und in geringer Tiefe schaarenweise vorkommen, sondern auch während des Sommers in grössere Tiefen hinabgehen (15, p. 32, 42). Er entdeckte ferner im Mittelmeer neue Copelaten, welche nur zonarisch oder bathybisch leben, niemals an die Oberfläche kommen und sowohl durch eigenthümliche Organisation als besondere Körpergrösse sich auszeichnen (*Megalocercus abyssorum* von 3 cm Länge; 15, p. 40).

Die kleinen zarten Copelaten und Doliolen entziehen sich durch ihre geringe Grösse natürlich mehr dem Blick, als die grossen leuchtenden Salpen und Pyrosomen. Wer jedoch grössere Mengen von oceanischem Plankton selbst eingehend untersucht, wird sich leicht überzeugen, dass auch die ersteren fast überall vorkommen und stellenweise einen bedeutenden Antheil an der Zusammensetzung des gemischten Plankton nehmen. Unter den Salpen sind es vorzugsweise die kleineren Arten, welche ausgedehnte schwimmende Bänke bilden. Aus den dreijährigen Beobachtungen von SCHMIDTLEIN ergiebt sich, dass die Salpen zum perennirenden Plankton gehören und das ganze Jahr hindurch häufig sind (19, p. 123).

IV. K. Vertebraten des Plankton.

Die Wirbelthiere des Meeres sind in ausgewachenem Zustande meistens zu gross und besitzen zu kräftige willkürliche Bewegung, als dass sie zum eigentlichen „Plankton" im Sinne von HENSEN, als „willenlos mit dem Wasser treibenden Thiere", gerechnet werden könnten. Die Seefische ebenso wie die schwimmenden Vögel und Säugethiere des Meeres überwinden mehr oder weniger leicht die Triebkraft der Meeresströmungen und bewahren ihr gegenüber die Selbständigkeit der willkürlichen Bewegung, was bei den treibenden wirbellosen Thieren des Plankton gewöhnlich nicht der Fall ist. Indessen habe ich schon oben darauf hingewiesen, dass diese Abgrenzung des *Plankton* gegen das *Nekton* sehr willkürlich ist und jeden Augenblick durch Verminderung der Stromgeschwindigkeit sich zu Gunsten des letzteren verändern kann. Auch sind ja gerade für die Hauptfragen von HENSEN's Plankton-Untersuchungen, für die Frage vom „Stoffwechsel des Meeres" die Wirbelthiere von der grössten Wichtigkeit, da sie als die grössten

Raubthiere des Meeres täglich die grössten Massen von Plankton
vertilgen — gleichviel ob direct oder indirect. Ein einziger See-
fisch mittlerer Grösse kann täglich Hunderte von Pteropoden und
Tausende von Crustaceen vertilgen, und bei den riesigen Cetaceen
kann diese Masse der täglichen Plankton-Kost um das Zehnfache
und Hundertfache grösser genommen werden. Es wird also für
eine umfassende Betrachtung der Plankton-Verhältnisse — und ganz
besonders für deren physiologische, öcologische und chorologische
Erörterung — auch die eingehende Untersuchung der im Meere
schwimmenden Vertebraten, der Seefische, Schwimmvögel, Robben
und Cetaceen nicht zu umgehen sein. Indessen können wir hier
davon absehen, da der Zweck dieser Plankton-Studien nicht jene
weiteren Beziehungen im Auge hat. Wir können uns also im
Sinne von HENSEN (9, p. 1) hier vorläufig auf die „willenlos mit
dem Wasser treibenden" Vertebraten des Meeres beschränken; und
als solche können (abgesehen von einigen kleinen pelagischen
Fischen) fast nur die pelagischen Eier, Brut und Larven der Seefische in Betracht kommen. Einige kleinere Teleostier (Scopeliden,
Trichiuriden u. A.) kommen bisweilen schaarenweis im Plankton
vor und sind theils autopelagisch, theils bathypelagisch. Die merkwürdigen Leptocephaliden sind vielleicht planktonische Larven
(von Muraenoiden), die niemals geschlechtsreif werden (7, p. 562).

Fisch-Eier. Die planktonischen Fisch-Eier, welche in
grossen Mengen an der Oberfläche des Meeres treiben — und
ebenso die aus ihnen ausschlüpfenden jungen Fischchen — spielen
ohne Zweifel in der Naturgeschichte des Meeres eine grosse Rolle.
HENSEN, dessen Plankton-Untersuchungen von diesem Object aus-
gingen, hatte daran „die Hoffnung geknüpft, über den Fischbestand
der betreffenden Arten einen weit bestimmteren Aufschluss erhalten
zu können, als dies bisher möglich zu sein schien" (9, p. 39).
Aber der Grundsatz, von dem er dabei ausgeht, ist vollkommen
unhaltbar. HENSEN sagt (l. c.): „Es ist kaum zweifelhaft, dass
ein Urtheil über den relativen Reichthum an den betreffenden
Fischarten in der Ostsee und in irgend einem anderen Meeresgebiet
sich durch die Bestimmung der Menge der Eier unter dem betreffenden Flächengebiet wird gewinnen lassen." Auch BRANDT
bezeichnet diesen Satz als sehr einleuchtend und wichtig (23,
p. 517).

Dieser maassgebende Satz von HENSEN und BRANDT, aus
welchem eine Reihe der wichtigsten Folgerungen und der ver-
wickeltsten Berechnungen abgeleitet wird, ist schon vor dreissig

Jahren auf das Einleuchtendste widerlegt worden, von keinem Geringeren als von CHARLES DARWIN. In dem dritten Capitel seines epochemachenden „Origin of species", welches den „Kampf um's Dasein" behandelt, erörtert DARWIN an der Hand von MALTHUS' Bevölkerungs-Theorie die Bedingungen und die Folgen der Individuen-Vermehrung, das geometrische Verhältniss ihrer Zunahme und die Natur der Hindernisse der Zunahme. Er zeigt, dass „in allen Fällen die mittlere Anzahl von Individuen einer jeden Pflanzen- und Thier-Art nur indirect von der Zahl ihrer Samen oder Eier abhängt, direct aber von den Existenz-Bedingungen, unter denen sie sich entwickelt". Schlagende Beispiele für diese Thatsache sind überall zur Hand, und ich selbst habe bei der Erörterung derselben in meiner „Natürlichen Schöpfungsgeschichte" eine Anzahl angeführt (30, p. 143). Um gleich noch einige Beispiele aus dem Leben des Plankton selbst hinzuzufügen, erinnere ich an die betreffenden Verhältnisse vieler pelagischer Thiere, u. A. Crustaceen und Medusen. Viele kleine Medusen, welche zu den häufigsten Thieren der pelagischen Fauna gehören (z. B. *Obelia* und *Liriope*), erzeugen verhältnissmässig wenige Eier; ebenso viele Copepoden, die gemeinsten von allen Plankton-Thieren. Unverhältnissmässig grösser ist die Zahl der Eier, welche von einzelnen grossen Medusen und Decapoden producirt wurden, die zu den seltenen Arten gehören. So lässt sich auch aus der Zahl der pelagischen Fischeier nicht der geringste Schluss auf die Zahl der Fische ziehen, welche sich aus ihnen entwickeln und zur Reife gelangen. Die Hauptmasse der planktonischen Fischeier und Fischbrut wird frühzeitig von anderen Thieren als Nahrung vertilgt.

V. Composition des Plankton.

Die Zusammensetzung des Plankton aus verschiedenen Organismen ist sowohl in qualitativer als in quantitativer Beziehung sehr ungleichmässig, und ebenso ist die Vertheilung desselben im Ocean nach Ort und Zeit sehr ungleich; diese beiden Grundsätze gelten ebenso für das oceanische wie für das neritische Plankton. In diesen beiden wichtigen Grundsätzen, welche nach meiner festen Ueberzeugung den Ausgangspunkt und die Grundlage für die Oecologie und Chorologie des Plankton bilden müssen, sind die übereinstimmenden Grund-

Anschauungen fast aller derjenigen Naturforscher zusammengefasst, welche bisher gründlich die Naturgeschichte der pelagischen Fauna und Flora längere Zeit studirt haben.

Allgemein war daher die Ueberraschung, als in diesem Jahre Professor Hensen mit der völlig entgegengesetzten Behauptung auftrat: „dass in dem Oceane das Plankton gleichmässig genug vertheilt sei, um aus wenigen Fängen über das Verhalten sehr grosser Meeresstrecken sicher unterrichtet zu werden" (22, p. 243). Er sagt selbst, dass die von ihm geleitete Kieler Plankton-Expedition von dieser „rein theoretischen Ansicht" ausging, und dass sie „vollen Erfolg" hatte, weil „diese Voraussetzung sich weit vollständiger bewahrheitet hat, als gehofft werden konnte" (22, p. 244) [1]. Diese höchst auffallenden und allen bisherigen Grundanschauungen widersprechenden Angaben von Hensen erfordern die eingehendste Berücksichtigung; denn wenn sie wahr sind, dann sind alle Naturforscher, welche bisher jahrelang und in ausgedehntestem Umfange die Zusammensetzung und Vertheilung des Plankton studirt haben, völlig im Irrthum gewesen und zu ganz falschen Schlüssen gelangt; wenn hingegen jene Sätze von Hensen falsch sind, dann stürzt seine ganze darauf gegründete Plankton-Theorie zusammen, und dann sind alle seine mühseligen Berechnungen (für welche er in den nächsten sechs Jahren — 17 000 Stunden hindurch! — die im Plankton vertheilten Individuen zählen lassen will) völlig werthlos.

In erster Linie wird daher die empirische Basis zu prüfen sein, auf welche Hensen seine, „von rein theoretischen Ansichten ausgehenden" Behauptungen gründet. Die Kieler Plankton-Expedition war 93 Tage in See, und zwar in den drei Monaten des Spätsommers (15. Juli bis 7. November), welche be-

---

1) Hensen fügt diesem Satze selbst folgende Erläuterung hinzu: „Die bisher gültige Ansicht war, dass die Meeresbewohner in Schaaren verbreitet seien, und dass man je nach Glück und Gunst, nach Wind, Strömung und Jahreszeit, bald auf dichte Massen, bald auf unbewohnte Flächen komme. Dies gilt in der That bis zu einem gewissen Grad für die Häfen; für das offene Meer berichtigt sich unsere Kenntniss dahin, dass dort normal eine gleichmässige Vertheilung stattfindet, die nur innerhalb weiter Zonen entsprechend den klimatischen Verhältnissen nach Dichte und Bestandtheilen wechselt. Man wird jetzt in jedem Fall der Abweichung von solchem Verhalten nach den Ursachen suchen müssen, welche dabei gewirkt haben, und wird nicht mehr das Vorkommen von Ungleichmässigkeiten als gegebenen Ausgangspunkt für bezügliche Forschungen nehmen können" (22, p. 244).

kanntlich in der nördlichen Erdhälfte die aller-ungünstigste Zeit
für die pelagische Fischerei bieten (28, p. 16, 18). Hensen selbst
sagt, dass sie den „Character einer S t r e i f t o u r" trug (22, p.
10), und sein Gefährte Brandt nennt sie eine „Recognoscirungsfahrt,
für die es darauf ankam, grosse Meeresflächen möglichst rasch
hinter einander zu untersuchen" (23, p. 525). Auffallender Weise
fügt er hinzu: „Damit ist erreicht, f e s t e G r u n d l a g e n für die
Kenntniss der Massenhaftigkeit und Mannichfaltigkeit der Meeres-
Organismen der eingehenden Analyse darzubieten" (!). Nach
meiner Ansicht sind solche „feste Grundlagen" längst gewonnen,
vor Allem durch die weit umfassenderen Untersuchungen der reich
mit allen Hilfsmitteln ausgestatteten „C h a l l e n g e r"- Expedition
(vom Januar 1873 bis Mai 1876). Diese umfasste einen Zeitraum
von vollen v i e r z i g M o n a t e n und erforschte d a s g a n z e G e -
b i e t d e s O c e a n s; ihre Erfahrungen dürfen daher schon an
sich viel grössere Geltung beanspruchen als diejenigen des „N a -
t i o n a l", dessen Fahrt von d r e i M o n a t e n nur einen Theil des
Atlantischen Oceans betraf und noch dazu durch schlechtes Wetter,
Schiffs-Beschädigungen, frühzeitigen Verlust des grossen Vertical-
Netzes und anderen Unglücksfälle vielfach in der Ausführung
ihres Planes behindert war. Es ist schwer begreiflich, wie „exacte
Forscher" aus so unvollständigen und fragmentarischen Erfahrungen
„feste Grundlagen" für neue weitreichende: Ansichten ableiten
können, die zu allen bisherigen Erfahrungen in auffallendem Widerspruch stehen.

Es würde hier viel zu weit führen, wollte ich aus zahlreichen
älteren und neueren Reise-Beschreibungen die Beobachtungen der
Seefahrer über die auffallende Ungleichmässigkeit der See-Bevöl-
kerung, die verschiedene Fauna und Flora der Strömungs-Gebiete,
den Wechsel ungeheurer schwimmender Thierschaaren und fast
unbewohnter Meeresflächen zusammenstellen. Es genügt, auf
diejenigen beiden Werke zu verweisen, in welchen die ausgedehn-
testen und gründlichsten Erfahrungen hierüber gesammelt sind,
die von John Murray redigirte „Narrative of the Cruise of H.
M. S. Challenger" (6) und die von Chierchia publicirten „Collezioni della R. Corvetta Vettor Pisani" (8). Da die allgemeinen
chorologischen und ökologischen Resultate dieser beiden Haupt-
werke völlig mit meinen eigenen, auf dreissigjähriger Erfahrung
beruhenden Ansichten übereinstimmen, gehe ich sofort zur allgemeinen Darlegung dieser letzteren über, ihre nähere Begründung
mir für eine spätere ausführliche Arbeit vorbehaltend.

V. A. Polymiktes und monotones Plankton.

Die Zusammensetzung des Plankton aus schwimmenden Pflanzen und Thieren verschiedener Classen ist höchst mannichfaltig. Ich unterscheide in dieser Beziehung zunächst zwei Hauptformen, polymiktes und monotones Plankton [1]. Der „gemischte Auftrieb oder das polymikte Plankton" ist in der Weise aus Organismen verschiedener Arten und Classen zusammengesetzt, dass keine einzige Form oder Formen-Gruppe mehr als die Hälfte vom Volumen des Ganzen ausmacht. Der „einförmige Auftrieb hingegen oder das monotone Plankton" zeigt eine sehr gleichartige Zusammensetzung, indem eine einzige Formengruppe — eine einzelne Species, oder ein einziges Genus, oder auch eine einzige Familie oder Ordnung -- ganz überwiegend die Hauptmasse des Auftriebs bildet, mindestens die grössere Hälfte des ganzen Plankton-Volumens, oft $^2/_3$ oder $^3/_4$ desselben, bisweilen sogar noch mehr. Unter diesem monotonen Plankton könnte man wieder unterscheiden: prävalentes Plankton, wenn die überwiegende Formen-Gruppe die grössere Hälfte, bis zu $^3/_4$, des ganzen Volumens bildet, und uniformes Plankton, wenn dieselbe $^3/_4$ übersteigt und fast rein die ganze Masse bildet.

Im Allgemeinen ist das gemischte Plankton häufiger als das einförmige, da in der Regel die Verhältnisse des „Kampfes um's Dasein" eine mannichfaltige und bunte Zusammensetzung der planktonischen Flora und Fauna bedingen. Doch giebt es von dieser Regel zahlreiche Ausnahmen, und an vielen Stellen des Oceans (besonders in den Zoocorrenten) tritt local eine so massenhafte Entwickelung und schaarenweise Anhäufung einer einzigen Form oder Formen-Gruppe auf, dass dieselbe im Auftriebe des pelagischen Netzes mehr als die Hälfte des ganzen Volumens bildet. Dieses monotone Plankton erscheint in sehr verschiedenen bestimmten Formen; denn die Verschiedenheit des Klima, der Jahreszeit, der oceanischen Strömungen, der neritischen Beziehungen etc. bedingt bedeutende Unterschiede in der Massen-Entwickelung der planktonischen Organismen, welche schaarenweise gleichzeitig in einem bestimmten Gebiete auftreten. Ich werde die einzelnen mir bekannten Formen des monotonen Plankton nachstehend kurz

---

1) πολύμικτος = vielfach gemischt; μονότονος = einförmig.

aufführen. Dagegen verzichte ich hier auf eine Schilderung der äusserst mannichfaltigen Zusammensetzung des polymikten Plankton, indem ich mir diese, sowie die Mittheilung einer Anzahl von Mischungs-Tabellen, einer späteren ausführlichen Arbeit vorbehalte.

A. Monotones Protophyten-Plankton. Von den sieben Gruppen pelagischer Protophyten treten mindestens drei in solchen Massen im Ocean auf, dass sie für sich allein die grössere Hälfte vom Auftriebe des pelagischen Netzes zusammensetzen können, die Diatomeen, Murracyteen und Peridineen. Die wichtigste und häufigste Erscheinung darunter ist das monotone Diatomeen-Plankton, vorzugsweise im salzarmen und Küsten-Wasser. Die kieselschaligen einzelligen Protophyten, welche dasselbe zusammensetzen, gehören oft vorwiegend, oder fast ausschliesslich einer einzigen Art oder Gattung an, so z. B. *Synedra* in den kälteren, *Chaetoceros* in den wärmeren Meeren. Die colossalen Massen von arktischen und antarktischen Diatomeen, welche das „schwarze Wasser“, die Weidegründe der Walfische bilden, sind oben erwähnt. In den wärmeren, tropischen und subtropischen Theilen des Oceans kommen solche Anhäufungen von Diatomeen nicht oder nur selten vor; hier tritt an ihre Stelle das monotone Murracyteen-Plankton, aus ungeheuren Schaaren von nyctipelagischen Pyrocystiden gebildet. Seltener ist das monotone Peridineen-Plankton; obwohl diese Dinoflagellaten einen sehr bedeutenden Antheil an der Composition, besonders des neritischen Plankton nehmen, kommen sie doch nicht häufig in solchen Massen vor, dass sie die grössere Hälfte vom Volumen des Auftriebes bildeten.

B. Monotones Metaphyten-Plankton. Unter den pelagischen Metaphyten giebt es nur zwei Formen, welche so massenhaft auftreten, dass sie die grössere Hälfte des pelagischen Auftriebs bilden, die Oscillatorien und die Sargasseen. Das monotone Oscillatorien-Plankton, in der Regel aus schwimmenden Faden-Bündeln einer einzigen Art von *Trichodesmium* gebildet, erscheint in vielen Gebieten des tropischen Oceans in solchen Massen, dass die Quantität der pelagischen Fauna dagegen zurücktritt (vergl. oben p. 266). Das monotone Sargassum-Plankton, aus den „schwimmenden Bänken“ einer einzigen Fucoidee, des *Sargassum bacciferum* gebildet, ist die characteristische Massenform des organischen Lebens in den Halistasen der „Sargasso-Meere“.

C. Monotones Protozoen-Plankton. Unter den einzelligen Protozoen treten drei verschiedene Gruppen in solchen Massen pelagisch auf, dass sie die grössere Hälfte vom Volumen des Plankton bilden, die Noctiluken, Globigerinen und Radiolarien. Das monotone Noctiluken-Plankton ist neritisch und wird fast ausschliesslich von Milliarden der gemeinen *Noctiluca miliaris* zusammengesetzt; es bildet röthlich-gelbe Schleim-Ueberzüge an der Oberfläche der Küsten-Meere und zeigt im Ocean stets littorale Strömungen an. Hingegen ist das weit verbreitete monotone Globigerinen-Plankton rein oceanisch, die Ursprungsstätte des Globigerinen-Schlammes der Tiefsee; es setzt sich in verschiedenen Gebieten des Oceans aus verschiedenen Gattungen der oben angeführten pelagischen Thalamophoren zusammen. Viel mannichfaltiger ist das monotone Radiolarien-Plankton, ebenfalls oceanisch; von diesem kann man folgende drei Modificationen unterscheiden [1]):

I. Polycyttarien-Plankton, bald nur aus *Collozoum*, bald aus *Sphaerozoum*, bald aus *Collosphaera*, meistens aus einer Mischung dieser drei Formen zusammengesetzt: in den wärmeren Meeren, theils pelagisch, theils zonarisch; sehr häufig.

II. Acantharien-Plankton, gewöhnlich aus Milliarden einer einzigen oder einiger wenigen Arten von *Acanthometron* gebildet (in den kälteren Meeren, z. B. an der Ost- und West-Küste von Süd-Amerika, südlich von 40° S. Br.; ebenso nördlich von 50° N. Br., an den Küsten von Shetland, Fär-Öer und Norwegen); theils autopelagisch, theils bathypelagisch.

III. Phaeodarien-Plankton, zonarisch und bathybisch, meistens zusammengesetzt aus grossen Arten von Aulosphaeriden und Sagosphaeriden, Coelodendriden und Coelographiden (z. B. *Coeloplegma murrayanum* aus dem Fär-Öer-Canal, 4, p. 1757).

D. Monotones Cnidarien-Plankton. Im Stamme der Nesselthiere giebt es zahlreiche Formen von Medusen, Siphonophoren

---

1) Radiolarien-Plankton ist in 13 Präparaten der Radiolarien-Collection enthalten, welche ich (1890) zusammengestellt habe, und welche durch den Famulus Franz Pohle in Jena käuflich zu beziehen ist. 8 von diesen Präparaten enthalten Polycyttarien-Plankton, 2 Acantharien-Plankton, und 3 Phaeodarien-Plankton. — Diese Sammlung (von 34 mikroskopischen Präparaten) enthält ausserdem 17 Präparate von Radiolarien-Schlamm der Tiefsee, und 4 Präparate von Tiefsee-Hornschwämmen, deren Pseudo-Skelet aus Radiolarien-Schlamm zusammengesetzt ist (Challenger-Report, Part. LXXXII).

und Ctenophoren, die in ungeheuren Schwärmen auftreten. Das monotone Medusen-Plankton ist meistens neritisch, aus sehr verschiedenen Local-Formen an den verschiedenen Küsten gebildet. Von grösseren Acraspeden sind es in den wärmeren Meeren vorzugsweise Rhizostomen (Pilemiden, Crambessiden), in den kälteren Semostomen (Aureliden, Cyaneiden), welche schaarenweis die littoralen Buchten und Strömungen erfüllen; von oceanischen Scyphomedusen scheint namentlich *Pelagia* ähnliche Schwärme zu bilden. Unter den Craspedoten wird monotones Medusen-Plankton besonders von neritischen Codoniden, Margeliden und Eucopiden, von oceanischen Aequoriden, Liriopiden und Trachynemiden gebildet. Monotones Siphonophoren-Plankton kommt nur in den wärmeren Meeren vor, obgleich Diphyiden in allen Theilen des Oceans massenhaft auftreten. Die auffallenden blauen Schaaren der pelagischen Physaliden, Porpitiden und Velelliden haben schon seit langer Zeit in den tropischen und subtropischen Meeren die Aufmerksamkeit der Seefahrer erregt, ebenso durch ihre ungeheuren Mengen, wie durch die Ungleichmässigkeit ihres plötzlichen Auftretens und Verschwindens. Seltener ist reines Physonecten-Plankton, grösstentheils aus Forskalien zusammengesetzt; ich beobachtete solches wiederholt auf Lanzarote. Ebendaselbst kam auch häufig monotones Ctenophoren-Plankton vor. Auch diese zarten Nesselthiere treten bekanntlich, gleich den Medusen und Siphonophoren, in solchen Schaaren dicht gehäuft auf, dass sie fast keinen Raum für andere pelagische Thiere zwischen sich lassen. Nicht selten verleiht die massenhafte Anhaufung einer einzigen Ctenophoren-Art dem Plankton einen sehr auffallenden Character, und zwar in allen Oceanen, ebensowohl in denen der kalten, als der warmen und gemässigten Zone. Häufiger kommt es jedoch vor, dass das monotone Cnidarien-Plankton sich aus mehreren Arten von Medusen, Siphonophoren und Ctenophoren zusammensetzt, während andere Thierclassen nur einen sehr beschränkten Antheil an seiner Zusammensetzung nehmen.

E. Monotones Sagittiden-Plankton. Die einzige Form des monotonen Plankton, welches der Stamm der Helminthen liefert, wird durch die Classe der Chaetognathen gebildet, verschiedene Species der Genera *Sagitta* und *Spadella*. Obgleich echt oceanisch nach ihrer ganzen Lebensweise, kommen sie doch auch im neritischen Auftrieb massenhaft vor. Bald tritt nur eine einzige Art dieser Gattungen, bald mehrere Arten neben einander, in solchen

Schaaren auf, dass sie mehr als die Hälfte des ganzen Plankton ausmachen. Diese Erscheinung wird sowohl in den kälteren als in den wärmeren Meeren beobachtet; in jenen ist das Plankton aus kleineren, in diesen aus grösseren Arten zusammengesetzt. Auch in der Tiefe kommt diese Form vor, und zwar besteht das zonarische Sagittiden-Plankton aus anderen Arten als das pelagische.

F. Monotones Pteropoden-Plankton. Erstaunliche Massen von oceanischen Pteropoden sind sehr verbreitet in allen Theilen des Oceans, und zum Theil aus characteristischen Gattungen und Arten in den verschiedenen Zonen gebildet. Längst bekannt sind die ungeheuren Schaaren von *Clio borealis* und *Limacina arctica*, welche die nordischen Meere bevölkern und (als „Walfisch-Aas") die Hauptnahrung vieler Cetaceen, Seevögel, Fische und Cephalopoden bilden. Nicht weniger grossartig aber sind andere Pteropoden-Schwärme, welche, aus verschiedenen Gattungen und Arten zusammengesetzt, die Meere der gemässigten und Tropen-Zone bevölkern. Nur entgehen sie oft der Aufmerksamkeit der Seefahrer, weil die meisten Arten nyctipelagisch sind. Von den ungeheuren Massen dieser Flossenschnecken legen deutliches Zeugniss die aufgehäuften Kalkschalen derselben ab, welche in vielen Strecken des Oceans (besonders der Tropen-Zone) den Boden in Tiefen zwischen 500 und 1500 Faden dicht bedecken; oft ist die grössere Hälfte dieses „Pteropoden-Schlammes" bloss aus ihnen gebildet (6, p. 126, 922). Sowohl in Messina als in Lanzarote fand ich das Pteropoden-Plankton oft mit beträchtlichen Mengen von Heteropoden gemischt; doch bildeten letztere niemals die grössere Hälfte des Volumens.

G. Monotones Crustaceen-Plankton. Wie die Krustenthiere alle anderen Thierclassen des Plankton an Massen-Entwickelung übertreffen, so bilden sie auch häufiger als alle anderen Classen monotones Plankton. Am häufigsten ist dieses einförmige Crustaceen-Plankton aus Copepoden zusammengesetzt, nicht selten fast ausschliesslich von einer einzigen Art (6, p. 758, 843). Demnächst habe ich am häufigsten monotones Ostracoden-Plankton gefunden, sodann Schizopoden-Plankton. Bald sind es auch in diesen beiden Ordnungen nur zahllose Individuen einer einzigen Art, bald mehrere verschiedene Species, welche das monotone Plankton zusammensetzen; oft fast ausschliesslich, andere Male gemischt mit Zusätzen anderer Crustaceen, Sagitten, Salpen etc.

Die übrigen, oben angeführten Ordnungen der Crustaceen, die auch
an der Zusammensetzung des Plankton bedeutenden Antheil nehmen,
Decapoden, Amphipoden und Phyllopoden, habe ich niemals in
solchen Massen zusammengedrängt gefunden, dass sie mehr als die
Hälfte der Auftrieb-Masse bildeten. Dagegen erscheinen bisweilen
solche Massen von Crustaceen-Larven einer Art (z. B. von
Lepas und anderen Cirripedien), dass sie überwiegend den Character
des Plankton bestimmen.

H. Monotones Tunicaten - Plankton. Nächst den monotonen Plankton-Formen, welche durch Crustaceen und Cnidarien
gebildet werden, sind am häufigsten diejenigen der Tunicaten.
Ganz überwiegend sind hier massenbildend die Thalidien oder
Salpaceen (*Salpa* und *Salpella*), und unter diesen besonders die
kleineren Arten (*Salpa democratica-mucronata*, *S. runcinata-
fusiformis*, und verwandte Species). Wie ich selbst oft solches
monotones Salpen-Plankton im Mittelmeer, im Atlantischen und Indischen Ocean gefangen habe, so besitze ich dasselbe
auch durch Capitain RABBE aus verschiedenen Theilen des Pacifischen Oceans. Gewöhnlich sind demselben auch Massen von
Doliolum und von Copelaten (*Appendicularia*, *Vexillaria* etc.)
in mehr oder weniger grosser Quantität beigemischt; doch treten
diese kleinen planktonischen Tunicaten schon wegen der geringen
Körpergrösse sehr gegen die Salpen zurück; ich kenne kein Beispiel,
dass dieselben für sich allein monotones Plankton gebildet hätten.
Wohl aber ist dies der Fall bei den nyctipelagischen Pyrosomen.
Sowohl der Challenger als der Vettor Pisani begegneten unter den
Tropen, in dunkler Nacht, mitten im Atlantischen und Pacifischen
Ocean, Massen von monotonem Pyrosoma-Plankton; bei
Tage war kein einziger dieser Feuerzapfen zu sehen, und sobald
der Mond aufging, tauchten sie in die Tiefe (S, p. 32, 34).

I. Monotones Fisch-Plankton. Wenn man mit HENSEN
den Begriff des Plankton auf den passiv im Meere treibenden
Halobios beschränkt, könnten als „monotones Fisch-Plankton" nur
die Schaaren ganz junger und kleiner Fische bezeichnet werden,
welche oft massenhaft in den Strömungen erscheinen, bisweilen so
dichtgedrängt, dass sehr wenige andere pelagische Thiere da-
zwischen Platz finden. Will man jedoch den Begriff weiter ausdehnen, und die scharfe Unterscheidung von Plankton und Nekton
(p. 251) fallen lassen, so würden überhaupt alle jene Seefische

(sowohl oceanische als neritische), hierher gehören, welche
s c h a a r e n w e i s auftreten (z. B. Scopeliden, Clupeiden, Leptocephaliden, Scomberoiden), und welche eine so bedeutende öcologische Rolle im Stoffwechsel des Meeres spielen (12, p. 51).

V. B. Temporale Plankton-Differenzen.

Die erste und auffallendste Erscheinung, welche jeder erfahrene
Planktologe kennt, ist die wechselnde Zusammensetzung des Plankton
und die variable Mischung seiner Bestandtheile. Diese auffallenden
Unterschiede der Composition gelten ebensowohl q u a l i t a t i v, wie
q u a n t i t a t i v, ebensowohl für das o c e a n i s c h e, wie für das
n e r i t i s c h e Plankton; sie sind ebenso bedeutend bei einer Vergleichung verschiedener O r t e während derselben Zeit, als zu verschieden Z e i t e n an einem und demselben Orte. Wir können
demnach locale und temporale Schwankungen unterscheiden, und
wollen zunächst diese letzteren betrachten.

Um eine vollständige und sichere Uebersicht über die zeit-
lichen Schwankungen der Plankton-Composition zu gewinnen, würden
vor Allem ununterbrochene Beobachtungs-Reihen erforderlich sein,
welche an einem und demselben Orte mindestens während der
Dauer eines vollen Jahres angestellt sind; besser noch während
mehrerer auf einander folgender Jahre, um aus den jährlichen und
monatlichen Oscillationen ein allgemeines Durchschnitts-Bild zu erhalten. Solche vollständige O b s e r v a t i o n s - S e r i e n, vergleichbar
den meteorologischen (mit denen sie ja auch in directem Causal-
Nexus stehen), sind bisher noch nicht angestellt; sie gehören zu
den wichtigsten Aufgaben der jetzt überall emporblühenden Zoologischen Stationen [1]). Indessen lässt sich eine allgemeine Vorstellung von der bedeutenden Grösse der jährlichen und monatlichen
Oscillationen schon aus der wichtigen, auf dreijährige Beobachtungs-

1) Meine eigenen ausgedehnten Erfahrungen sind leider in dieser
Beziehung sehr ungenügend, da ich niemals an einer Zoologischen
Station gearbeitet habe, und da es mir gewöhnlich nur vergönnt war,
auf ein paar Monate (oder selbst nur auf einige Wochen) während der
akademischen Ferien die Meeresküste aufzusuchen. Nur einmal hatte
ich Gelegenheit, meine Plankton-Studien an einem und demselben
Orte auf ein halbes Jahr auszudehnen (vom October 1859 bis April
1860 in Messina; 3, p. V, 166), und dreimal konnte ich dieselben
drei Monate hindurch an einem Orte fortsetzen: im Sommer 1859 in
Neapel, im Winter 18$\frac{66}{67}$ auf Lanzarote, und im Winter 18$\frac{81}{82}$ auf
Ceylon.

Reihen gegründeten, vergleichenden Uebersicht gewinnen, welche
SCHMIDTLEIN über das Erscheinen grösserer pelagischer Thiere im
Golfe von Neapel (während der Jahre 1875—77) gegeben hat (19,
p. 120). Auch die Mittheilungen von GRAEFFE über Vorkommen
und Erscheinungs-Zeit der Seethiere im Golfe von Triest enthalten
in dieser Hinsicht sehr wichtige Notizen (20).

Die bedeutenden temporalen Schwankungen, welchen das Erscheinen der pelagischen Organismen unterliegt, und welche so
grosse Unterschiede in Bezug auf Qualität und Quantität der
Plankton-Composition bedingen, können in vier Gruppen eingetheilt
werden: 1. jährliche, 2. monatliche, 3. tägliche und 4. stündliche
Schwankungen. Ihre Ursachen sind mannichfaltig, theils meteoro-
logisch, theils biologisch. Sie sind vergleichbar entsprechenden
temporalen Oscillationen der terrestrischen Flora und Fauna, und
hängen einerseits ab von klimatischen Bedingungen und meteorologischen Processen, andererseits von der wechselnden Lebensweise,
insbesondere von den Verhältnissen der Fortpflanzung und Entwickelung. Wie die jährliche Entwickelung der meisten Landpflanzen
an bestimmte Zeit-Verhältnisse gebunden ist, wie der Zeitpunkt
ihrer Keimung und Blatt-Entwicklung, ihrer Blüthe und Fructifica-
tion sich den meteorologischen Verhältnissen, den Jahreszeiten und
anderen Existenz-Bedingungen „im Kampfe um's Dasein" angepasst
hat, so ist auch die jährliche Entwickelung der meisten Seethiere
durch bestimmte, erblich gewordene Gewohnheiten geregelt; auch
bei ihnen ist der Einfluss der meteorologischen Schwankungen
einerseits, der öcologischen Beziehungen andererseits von grösster
Bedeutung für ihre periodische Erscheinung. Die meisten Organismen treten auch im Plankton nur periodisch auf, und nur sehr
wenige Gruppen können zum „perennirenden Plankton" im Sinne
von HENSEN gerechnet werden (9, p. 1). Uebrigens giebt auch
dieser Forscher die grosse Bedeutung der temporalen, „höchst
auffallenden Schwankungen" in der Plankton-Composition theilweise
zu (9, p. 29, 59); er erklärt sie zum Theil durch „Hungerperioden"
(p. 53).

Jährliche Oscillationen. Die Plankton-Litteratur enthält
bisher nur wenige sichere Angaben über die jährlichen Schwankungen, welchen das Erscheinen der pelagischen Thiere und
Pflanzen unterliegt. Doch sind diese wenigen, auf eine Reihe von
Jahren sich erstreckenden Mittheilungen von hohem Werthe, so
namentlich diejenigen von SCHMIDTLEIN aus Neapel (19) und von

GRAEFFE aus Triest (20). Schon der erste Blick auf die Tabellen, welche der Erstere über das Erscheinen der pelagischen Thiere im Golfe von Neapel giebt, belehrt uns, wie auffallend verschieden sich die Mehrzahl derselben in mehreren auf einander folgenden Jahren verhält. Wie es gute und schlechte Weinjahre und Obstjahre giebt, so auch reiche und dürftige Plankton-Jahre. Mit Recht bemerkt aber SCHMIDTLEIN, dass andauernde, durch eine lange Reihe von Jahren fortgesetzte Beobachtungen erforderlich sind, um tiefere Einsicht in die Bedeutung der in diesen Tabellen verzeichneten jährlichen und monatlichen Schwankungen zu gewinnen. Derselben Ansicht ist auch CHUN, der in seiner Monographie der Ctenophoren des Golfes von Neapel (p. 236) zeigt, wie sehr verschieden die Zahlen derselben in fünf auf einander folgenden Jahren sind. GRAEFFE, der sich auf eine vieljährige Beobachtungs-Reihe stützt, sagt von *Cotylorhiza tuberculata*, dass diese schöne Acalephe in der Adria manche Jahre gar nicht zu treffen ist, in anderen Jahrgängen hingegen vereinzelt oder gar nicht selten (aber stets nur in den drei Monaten Juli, August, September). Ebenso wechselnd ist das Vorkommen — „je nach den Jahrgängen" — von *Umbrosa lobata* und von anderen Medusen. Von den sechs Ctenophoren-Arten des Golfes von Triest erscheint nur eine (*Eucharis multicornis*) jedes Jahr, die fünf anderen nur dann und wann. Aber nicht nur die Individuen-Massen, sondern „auch die Erscheinungszeiten pelagischer Thiere wechseln je nach den meteorologischen Verhältnissen der Jahresperioden" (20, V, p. 361). Ich selbst kann diesen Satz voll bestätigen auf Grund der Beobachtungen, welche ich im Laufe meiner vieljährigen Medusen-Studien zu machen hatte. Viele von diesen „launenhaften Schönen" erscheinen an ein und demselben Orte der Mittelmeerküste (z. B. in Portofino, in Villafranca) im ersten Jahre massenhaft, im zweiten selten, im dritten gar nicht. Als ich im April 1873 im Golfe von Smyrna fischte, war derselbe voll von Schwärmen der grossen Pelagide *Chrysaora hyoscella*; als ich im April 1887 zum zweiten Male denselben Golf besuchte, konnte ich kein einziges Individuum jener prächtigen Meduse finden; dafür war der Golf erfüllt von Schaaren einer neuen, bisher nicht beschriebenen, grossen Meduse, *Drymonema cordelia*. Tausende von dieser Cyaneide lagen bei Cordelio ausgeworfen am Strande [1]).

---

1) *Drymonema cordelia*, deren milchweisser Schirm einen halben Meter Durchmesser erreicht, werde ich demnächst näher schildern;

Monatliche Oscillationen. Die Jahreszeit ist für das Erscheinen sehr vieler pelagischer Thiere von ebenso grosser Bedeutung wie für die Blüthen-Entwickelung und Fruchtbildung der Landpflanzen. Viele grössere planktonische Thiere, Medusen, Siphonophoren, Ctenophoren, Heteropoden, Pyrosomen u. A. erscheinen nur in einem Monate oder während weniger Monate des Jahres; sie bilden das „periodische Plankton" von HENSEN. Im Mittelmeere sind viele pelagische Thiere im Winter häufig, während sie im Sommer gänzlich fehlen. Dieses „periodische Erscheinen pelagischer Thiere" ist längst bekannt und vielfach erörtert; nicht so aber die wichtige Thatsache, dass auch diese ethoralen Perioden selbst bedeutenden Schwankungen unterliegen. Auch dafür geben die Tabellen von SCHMIDTLEIN (19) und die Notizen von GRAEFFE (20) wichtige Anhaltspunkte. Höchst unregelmässig verhalten sich darin besonders die Disconecten und andere Siphonophoren [1]. Die Ursachen der monatlichen Schwankungen liegen einerseits in den Verhältnissen der Fortpflanzung und Entwickelung, anderseits in der wechselnden Temperatur der Jahreszeiten, wie neuerdings namentlich CHUN nachgewiesen hat (15, 16).

Tägliche Oscillationen. Jeder Naturforscher, der längere Zeit pelagische Thiere und Pflanzen am Meere selbst beobachtet und gefischt hat, weiss, wie ungleich ihr Erscheinen an verschiedenen Tagen ist, auch in derjenigen Periode des Jahres oder in demjenigen Monat, in welchem man täglich sie zu finden hoffen dürfte. In der Regel ist es bekanntlich das Wetter, welches die auffallenden Unterschiede der Erscheinung bedingt, und vor Allem der Wind. Bei lange andauernder Windstille bedeckt sich die Oberfläche des Meeres mit Schwärmen der verschiedensten pelagischen Geschöpfe; in langen ölglatten Strassen erscheinen die wunderbarsten Zoocorrenten; sobald aber ein frischer Wind lebhafte Wellenbewegung erzeugt, taucht die Mehrzahl wieder in die

---

sie unterscheidet sich in der Bildung der Gonaden und Mundarme, wie in mehreren anderen Punkten von der adriatischen Species, die ich als *Drymonema Victoria* (= *dalmatinum*) beschrieben habe (29, II).

1) Von den Disconecten (*Porpita* und *Velella*) konnte CHUN während eines siebenmonatlichen Aufenthaltes auf den Canarischen Inseln (18 $\frac{87}{84}$) kein einziges Exemplar finden; sie sollen nach ihm erst im Hochsommer (Juli — September) erscheinen. Hingegen beobachtete ich auf Lanzarote einen vereinzelten Schwarm dieser Disconecten mitten im Winter, im Februar 1867.

rubige Tiefe, und wenn heftiger Sturm die tieferen Schichten auf-
wühlt, verschwindet alles Leben tagelang von der Oberfläche.
Viele Thiere des Plankton (besonders oceanische) sind auch gegen
Süsswasser-Zufluss sehr empfindlich und verschwinden daher sofort
bei heftigen Regen. Warmer Sonnenschein lockt die Einen an die
Oberfläche, während er die Anderen in die Tiefe treibt. Dieser
Einfluss des Wetters auf Qualität und Quantität der Plankton-
Composition ist so bekannt, dass es nicht nöthig ist, Beispiele
anzuführen. Auch HENSEN (9) hat vielfach seine Wirkung er-
fahren, ohne zu bedenken, wie sehr dadurch seine „exacte Methodik" gefährdet und ihr Erfolg illusorisch wird.

Stündliche Oscillationen.

Viele pelagische Thiere erscheinen
an der Oberfläche des Meeres nur zu einer bestimmten
Stunde des Tages, oder nur während weniger Stunden, die einen
am Morgen, die andern um Mittag, noch andere gegen Abend;
den ganzen übrigen Theil des Tages ist nicht ein einziges Individuum dieser Art zu finden. Schon AGASSIZ hat vor dreissig
Jahren merkwürdige Beispiele dafür aus der Classe der Medusen
angeführt, und ich kann diesen aus meiner eigenen Erfahrung eine
Anzahl anderer Beispiele anreihen. Aber auch viele andere pelagische Thiere (z. B. Siphonophoren, Heteropoden) kommen nur auf
einzelne Stunden an die Oberfläche. Von den nyctipelagischen
Pteropoden, Pyrosomen und vielen Crustaceen weiss man längst,
dass ihre Schwärme nur zur Nachtzeit an die Oberfläche kommen
und das Tageslicht fliehen. Andere Gruppen verhalten sich gerade
umgekehrt. Aber erst die neueren ausgedehnten Beobachtungen,
besonders von MURRAY (6), CHIERCHIA (8) und CHUN (15) haben
uns belehrt, wie grosse Ausdehnung und Bedeutung diese stündlichen Schwankungen besitzen. Dass dieselben auf die Composition des Plankton von grösstem Einflusse sind, und dass diese
demgemäss zu verschiedenen Tageszeiten sehr verschieden ist, bedarf keiner Ausführung. Wir müssen aber nochmals darauf hinweisen, wie sehr alle diese temporalen Oscillationen zu
berücksichtigen sind, wenn die Gleichmässigkeit der Plank-
tonvertheilung durch Beobachtung und Rechnung bewiesen
werden soll. In der That bedingen schon sie allein vielfach auffallende Ungleichmässigkeit.

V. C. Klimatische Plankton-Differenzen.

Die zahlreichen Mittheilungen, welche ältere und neuere Beobachter über das Erscheinen grosser pelagischer Thierschwärme in den verschiedenen Gebieten des Oceans gemacht haben, lehren übereinstimmend, dass diese, den klimatischen Zonen entsprechend, eine verschiedene Zusammensetzung zeigen. So sind die arktischen Oceane characterisirt durch Massen von monotonem Plankton aus den Gruppen der Diatomeen, Beroiden, Copepoden, Pteropoden ; Schwärmen, die oft nur aus Milliarden einer einzigen Art bestehen. In den Ocean-Gebieten der gemässigten Zone begegnen wir monotonem Plankton aus den Classen der Fucoideen, Noctiluken, Medusen, Ctenophoren, Salpen, Schizopoden u. s. w., bald aus einer, bald aus mehreren Arten zusammengesetzt. Im tropischen Ocean erscheinen die ungeheuren Bänke von monotonem Plankton, in welchem die Murracyteen, Oscillatorien, Physalien, Pyrosomen, Ostracoden den Character der schwimmenden oceanischen Bevölkerung bestimmen. Obwohl diese Thatsachen längst bekannt sind, ist doch bisher noch kein Versuch unternommen, sie chorologisch zu ordnen und die Characterzüge des Plankton in den klimatischen Zonen näher zu bestimmen. Doch glaube ich, — theils auf Grund der vorliegenden Berichte (besonders des Challenger und des Vettor Pisani), theils auf Grund meiner eigenen vergleichenden Untersuchungen (sowohl der Rabbe'schen als der Challenger-Sammlungen) schon jetzt einen wichtigen Satz dafür aufstellen zu können: Die Quantität des Plankton ist von den klimatischen Differenzen der Zonen wenig abhängig, die Qualität sehr abhängig, und zwar in der Weise, dass die Zahl der componirenden Species vom Aequator nach beiden Polen abnimmt.

Dieser Satz entspricht im Grossen und Ganzen den Verhältnissen, welche die klimatischen Differenzen der terrestrischen Fauna und Flora zeigen. Hier wie dort ist die Erklärung der Thatsache vor Allem in dem Einflusse der Sonne zu suchen, jenes „allmächtigen Schöpfers", welcher in der Tropen-Zone eine viel lebhaftere Wechselwirkung der Naturkräfte bedingt, als in den Polar-Zonen. Der „Stoffwechsel des Oceans" wird von den senkrecht auffallenden (und viel tiefer eindringenden!) Strahlen der Sonne nicht weniger gefördert, als der Stoffwechsel der terrestrischen Fauna und Flora; und wie hier die Masse und die Mannichfaltigkeit der organischen Lebensformen weitaus am höchsten entwickelt ist, so ist es auch dort der Fall. In auffälligen Gegensatz zu dieser bisher gültigen Ansicht stellt sich Hensen, welcher in seinem Berichte über die Ergebnisse der „National-Expedition" uns mit folgendem Satze überrascht: „Obgleich wir überall Plankton vorgefunden haben, war doch die Menge desselben unter und nahe den Tropen relativ gering, nämlich im Mittel acht Mal geringer, als im Norden bis zu den Neu-Fundlandbänken hinunter. Jeder einzelne dieser Fänge wird weit über hundert verschiedene Formen enthalten, aber die Armuth an Masse ist doch eine auffallend hervortretende, gesicherte Thatsache" (22, p. 245). In dem merkwürdigen Berichte, welchen E. du-Bois-Reymond (am 23. Januar 1890) der Berliner Akademie über die Erfolge der „National-Expedition" vorlegte, wird gesagt, dass über ihre wissenschaftlichen Ergebnisse „erst nach etwa drei Jahren vollständige Auskunft gegeben werden kann", dann aber hinzugefügt: „Nur ein Haupt-Ergebniss mag hier vorweg genommen werden: Allen aus theoretischen Gründen gehegten Erwartungen entgegen zeigte sich in den tropischen Gewässern die Menge des Plankton überraschend gering" (21, p. 87).

Da Hensen mit diesem „Hauptergebniss" der National-Expedition zu den bekannten Erfahrungen des Challenger, des Vettor Pisani und vieler anderen Expeditionen in schroffen Gegensatz tritt, müssen wir zunächst wieder die empirischen Grundlagen prüfen, auf welche sich seine Behauptung stützt. Da ergiebt sich denn, dass er als solche nur die Ergebnisse seiner „Streiftour" durch einen Theil des Atlantischen Oceans betrachtet, auf welcher der Aufenthalt in der Tropen-Zone kaum zwei Monate umfasste. Die Resultate, die er hier von seiner Plankton-Fischerei erhielt, und die offenbar in Folge zufälliger Verhältnisse aussergewöhnlich dürftig ausfielen, sollen die Beobachtungen widerlegen, welche auf dem „Challenger" und dem „Vettor Pisani" während eines Tropen-Aufenthaltes von zusammen vier Jahren, in den verschiedensten Theilen der drei grossen Oceane, angestellt worden sind. Es ist wohl nicht zu viel gesagt, wenn wir hier diese Art der Schlussfolgerung von Hensen für unvorsichtig und die „exacte Methodik", welche dieselbe durch Zahlen begründen will, für unbrauchbar erklären.

Meine eigene vergleichende Untersuchung der reichen Plankton-Sammlungen, welche Murray und Rabbe aus den verschiedensten

Theilen der drei grossen Oceane mitgebracht haben, hat mich
überzeugt, dass der Tropen-Ocean nicht allein q u a l i t a t i v (durch
Mannichfaltigkeit und Zahl der planktonischen Arten und Gattungen)
viel reicher ist, als der Ocean der gemässigten und kalten Zonen,
sondern dass er diesem auch q u a n t i t a t i v (durch massenhafte
Verbreitung und schaarenweise Anhäufung der Individuen) nicht
nachsteht. Allerdings darf man dabei nicht bloss die O b e r -
f l ä c h e des tropischen Oceans in Betracht ziehen (obgleich auch
diese oft äusserst dicht bevölkert ist), sondern auch die tieferen
zonarischen Gebiete. Denn gerade in der Tropen-Zone giebt es
zahlreiche nyctipelagische Organismen, welche tagsüber die Gluth
der senkrecht einfallenden Sonnenstrahlen fliehen und in kühlere,
mehr oder weniger tiefe Wasserschichten sich zurückziehen. Bei
Nacht aber erscheinen diese bathypelagischen Thiere und Pflanzen
in so ungeheuren Schaaren an der Oberfläche, dass sie an Massenhaftigkeit nicht zurückbleiben gegen die bekannten „unermesslichen
Schwärme" pelagischer Organismen in der gemässigten und kalten
Zone.

Während meiner Fahrt durch das T r o p e n - G e b i e t d e s
I n d i s c h e n O c e a n s — ebensowohl auf der Hinreise nach Ceylon
(über Bombay) als auf der Rückreise (über Socotora) bewunderte
ich auf der spiegelglatten Oberfläche fast täglich den grossen
Reichthum des pelagischen Lebens. Nachts war „der ganze Ocean,
soweit das Auge reichte, ein zusammenhängendes funkelndes Lichtmeer" (25, p. 52). Das leuchtende Wasser, welches wir Nachts
auf's Geradewohl mit Eimern von der Oberfläche schöpften, zeigte
ein so dichtes Gewimmel von zusammengedrängten nyctipelagischen
Leuchtthieren (Ostracoden, Salpen, Pyrosomen, Medusen, Pyro-
cysten), dass wir beim Glanze dieses pelagischen Lichtes in dunkler
Nacht deutlich die Schrift eines Buches lesen konnten; die zusammengedrängten Massen von Individuen waren nicht weniger
bedeutend, als ich sie im Mittelmeer so oft in den Correnten von
Messina angetroffen hatte. Welche Massen von Nahrung hier das
Plankton auch grösseren Thieren liefern muss, zeigten die Schaaren
von grossen Medusen und von fliegenden Fischen, welche unser
Schiff tagelang begleiteten. Und diese Massen bedeckten grosse
Flächen des offenen Indischen Oceans, mitten zwischen Aden
und Ceylon. Ebensolche Plankton-Massen besitze ich durch die
Güte des Capitain RABBE aus anderen tropischen Theilen des In-
dischen Oceans, zwischen Madagascar und den Cocos-Inseln,
zwischen diesen und dem Sunda - Archipel. Einer wunderbar

reichen und dichten Plankton-Masse begegnete ich in einem pelagischen Corrente der Südwest-Monsun-Trift, fünfzig Seemeilen südlich vom Donnerkap, der Südspitze von Ceylon[1]); ich habe den Reichthum desselben in meinen „Indischen Reisebriefen" erwähnt (25, p. 275).

Dass auch der Tropen-Gürtel des Atlantischen Oceans einen ungeheuren Reichthum an Plankton besitzt, geht aus vielen älteren Angaben, besonders aber aus den Erfahrungen des Challenger hervor. Mitten im Atlantischen Ocean, zwischen den Cap Verden und Brasilien, beobachtete MURRAY colossale Massen von pelagischen Thieren; und wenn sie bei Tage an der Oberfläche spärlich waren, fanden sie sich stets unterhalb derselben, in Tiefen von 50—100 Faden und mehr (6, p. 195, 218, 276 etc.); Nachts stiegen sie an die Oberfläche und erfüllten das Meer weit und breit mit leuchtendem Glanze (p. 170, 195 etc.). „Auf der ganzen Fahrt längs des Guinea-Stroms und Aequatorial-Stroms war das pelagische Leben äusserst reich und mannichfaltig, sowohl in Hinsicht auf die Massen der Individuen als der Species, viel mehr als irgendwo anders im nördlichen oder südlichen Theil des Atlantischen Oceans. Die grössten Massen wurden im Guinea-Strom während Windstille beobachtet, wo das Meer buchstäblich von Leben wimmelte" (p. 218). Dieser erstaunliche Reichthum an Plankton wurde in der ganzen Breite des atlantischen Tropen-Gürtels im August und September 1873 beobachtet; er war aber nicht geringer, als der Challenger auf der Rückfahrt, im März und April 1876, den östlichen Theil desselben Gebiets passirte, zwischen Tristan d'Acunha und den Cap Verden. „Wenn das Wetter ruhig war, zeigte sich ein ausserordentlicher Ueberfluss des pelagischen Lebens an der Oberfläche. Oscillatorien bedeckten die See meilenweit und ungeheure Massen von Radiolarien (Collozoum) erfüllten die Netze" (p. 930). Mit diesen und anderen Angaben des Challenger stimmen diejenigen des „Vettor Pisani" ganz überein: „Die Zone der äquatorialen Calmen ist über alle Maassen reich an organischem Leben; bisweilen erscheint das Wasser gallertartig coagulirt, auch für das Gefühl; es ist unmöglich, die Massen der

---

1) Ein Theil der neuen pelagischen Thier-Arten, welche ich in diesem erstaunlich reichen oceanischen Corrente auffand, ist in meinen „Reports on the Siphonophorae and Radiolaria of H. M. S. „Challenger" beschrieben worden.

mannichfaltigen bunten Formen zu bestimmen (8, p. 31). Mit
Enthusiasmus schildert CHIERCHIA das wunderbare Schauspiel,
welches Nachts der leuchtende Ocean darbot, „ein Meer von Licht,
welches sich bis zum ganzen Horizont ausdehnte" (p. 32, 53 etc.).
Die zahlreichen Plankton-Proben, welche ich selbst aus dem atlantischen Tropen-Gürtel untersucht habe, zeichnen sich zum
grösseren Theil durch ausserordentlich reiche Composition aus,
besonders diejenigen zwischen Ascension und den Canarischen
Inseln (Challenger-Stationen 345—353, vor allen die beiden äquatorialen Stationen 347 und 348). Uebrigens gehören auch die
canarischen Correnten, welche ich drei Monate hindurch
in Lanzarote untersuchte, und deren fabelhaften Reichthum ich
schon oben erwähnt habe (p. 244), bereits zum Gebiete der tropischen Passat-Trift.

Nicht geringer aber als im Tropen-Gebiet des Atlantischen
und Indischen Oceans ist der Massen- und Formen-Reichthum des
Plankton in der Tropen-Zone des Pacifischen Oceans.
In den verschiedensten Theilen dieses Gebietes segelte der Challenger durch „dichte Bänke von pelagischen Thieren". Zwischen
den Neu-Hebriden und Neu-Guinea „wimmelte die Oberfläche des
Wassers und seine tieferen Schichten von Leben; alle die gewöhnlichen tropischen Formen wurden in grossem Ueberfluss gefunden.
Die Liste der Thiergattungen war fast dieselbe, wie in der atlantischen Tropenregion (p. 218, 219); aber es zeigten sich beträchtliche Unterschiede in der relativen Häufigkeit der
Arten" (6, p. 521). Bei den Philippinen zeigte das Wasser
„eine ganz ungewöhnliche Masse und Mannichfaltigkeit von
oceanischen Oberflächen-Thieren" (p. 662). Auf der Fahrt von
den Admiralitäts-Inseln nach Japan war die oceanische „Fauna
und Flora der Oberfläche allenthalben ganz besonders reich
und massenhaft. In der Gegend des äquatorialen Gegen-
stromes, zwischen dem Aequator und den Carolinen, wurden pelagische Foraminiferen und Mollusken in solchen Massen im Ober-
flächen-Netz gefangen, dass sie darin alles früher Beobachtete
übertrafen", u. s. w. (p. 738). Auf der Fahrt durch den Central-
Theil des tropischen Pacifik, von Honolulu nach Tahiti,
zwischen 20° N. Br. und 20° S. Br., „war der Auftrieb des Taunetzes
allenthalben sehr reich; der Ueberfluss des organischen
Lebens im äquatorialen Strom und Gegenstrom ist
sehr bemerkenswerth, sowohl hinsichtlich der Zahl
der Arten als der Individuen" (p. 776). Aus diesem

wunderbar reichen Gebiete, welches unter allen Theilen des tropischen Oceans am weitesten von allen Continenten
entfernt ist, stammen die absolut reichsten Plankton-
Proben, welche ich jemals untersucht habe, die geradezu fabel-
haften Sammlungen, welche der Challenger von seinen Stationen
262—280 mitgebracht hat. Als ich im Herbst 1876 diese Plankton-
Massen zuerst sah, war mein Erstaunen gross; es wuchs aber in's
Grenzenlose, als ich nachher jahrelang die denselben entnommenen
Präparate untersuchte und Hunderte von neuen pelagischen Thier-
arten in denselben auffand. Der wunderbar reiche Radiolarien-
Schlamm, welchen der Challenger auf den central-pacifischen
Stationen 263—274 (aus 2000 bis 3000 Faden Tiefe) gehoben hat,
ist nur der Kiesel-Rest jener Plankton-Massen, aus denen alle
organischen Bestandtheile geschwunden und die Kalkschalen grösstentheils durch die Kohlensäure der Tiefen-Ströme gelöst sind [1]. Die
zahlreichen Oberflächen-Präparate, welche MURRAY auf dieser denk-
würdigen planktonischen Entdeckungs-Fahrt durch den Central-
Pacifik an Ort und Stelle angefertigt und in Canada-Balsam conservirt hat, sind die absolut reichsten Plankton-Präparate, die ich überhaupt je untersucht habe; vor Allen diejenigen
der Stationen 266--274, zwischen 11° N. Br. und 7° S. Br.; die
reichste von allen Stationen ist 271, fast unter dem Aequator ge-
legen (0° 33' S. Br.; 152° 56' W. L.). Ich habe diese Präparate
seitdem vielen Collegen und Freunden mikroskopischer Studien gezeigt, niemals ohne dass diese das lebhafteste Erstaunen über die
neue, in ihnen verborgene „Wunderwelt" äusserten. Scherzhafter
Weise wurden dieselben die „Mira-Präparate" genannt. (Vergl.
4, §§ 228—235.)

Der wunderbare Plankton-Reichthum des tropischen Pacifik
wird ebenso durch die vielfältigen Beobachtungen von CHIERCHIA
bestätigt: „Die Quantität und Qualität der Organismen, welche die tropischen Meeres-Regionen bewohnen, übersteigt jede Vorstellung" (S, p. 75). Unglaubliche Massen von pelagischen Thieren aller Gruppen wurden
mitten im tropischen Pacifik beobachtet, zwischen Callao und Hawai,

---

1) Von diesem Radiolarien-Schlamm sind sechzehn verschiedene Proben (gegen tausend verschiedene Arten umfassend) in
der käuflichen „Radiolarien-Collection" (1890) enthalten, welche ich
oben erwähnt habe (p. 62, Anm.). Die acht reichsten derselben
(Nr. 20—27) gehören dem tropischen Central-Pacifik an
(Stationen 265—274).

zwischen Honolulu und Hongkong; und so nicht allein an der Oberfläche, sondern in den verschiedensten Tiefen, bis zu 4000 m. Die Masse der Tiefsee-Siphonophoren war hier so enorm, dass niemals das Senkloth heraufgezogen wurde, ohne von abgerissenen Tentakeln derselben umwickelt zu sein (p. 85). Während der 40-tägigen Fahrt von Peru nach Hawai brachte die pelagische Fischerei, sowohl an der Oberfläche als bis zu 4000 m Tiefe, „eine solche Masse von verschiedenen Organismen zu Tage, dass sie Jedem fast unmöglich erscheinen musste, der nicht mit eigenen Augen die Arbeit verfolgte" (8, p. 88). Ebenso wurden im Chinesischen Meere und im Sunda-Archipel ungeheure Massen von Plankton angetroffen.

Es wird mir gestattet sein, hier den allgemeinsten Eindruck über den relativen Plankton-Reichthum der verschiedenen Ocean-Gebiete zusammenzufassen, welchen ich durch das vergleichende Studium von vielen Tausend Plankton-Präparaten gewonnen habe: Die pelagische Fauna und Flora der Tropen-Zone ist reicher an verschiedenen Lebensformen als diejenige der gemässigten Zone, und diese wiederum reicher als die der kalten Zone des Oceans; das gilt ebenso für das oceanische wie für das neritische Plankton; allenthalben ist das neritische Plankton mannichfaltiger zusammengesetzt als das oceanische. Der Reichthum an Individuen-Massen kann in keinem dieser Gebiete absolut grösser genannt werden als in den anderen, da die Massen-Entwickelung zu sehr von localen und temporalen Bedingungen abhängig und im Ganzen nach Ort und Zeit höchst ungleichmässig ist. Zählungen der Individuen können in dieser Beziehung gar Nichts beweisen.

V. D. Correntische Plankton-Differenzen.

Die weitaus wichtigsten von allen Ursachen, welche die wechselnde und ungleichmässige Vertheilung des Plankton im Meere bedingen, sind die Meeresströmungen. Die fundamentale Bedeutung dieser Corrrenten für alle Plankton-Studien ist allgemein anerkannt, und neuerdings durch Murray (6) und Chierchia (8) vielfach erörtert und erläutert. Auch die Zoologen der Kieler Plankton-Expedition haben sich dieser Einsicht nicht verschliessen können; Brandt hebt „die Bedeutung der Meeresströme als Mittel und Schranken der Verbreitung von Plankton-Organismen" gebührend hervor und constatirt, dass „in den verschiedenen atlantischen Strömen stets zahlreiche Formen auftreten,

die in den vorher durchlaufenen Gebieten fehlten" (23, p. 518).
Ebenso erwähnt Hensen die „aussergewöhnlich grossen Plankton-
Fänge, welche durch besondere Strömungen zugeführt wurden".
Ich selbst habe die hohe Bedeutung der Meeresströmungen
und ihren directen Einfluss auf die Composition des Plankton schon
vor dreissig Jahren näher kennen gelernt, als ich in Messina sechs
Monate hindurch fast täglich in der Barke ausfuhr, um den reichen
pelagischen Schätzen der Meerenge nachzustellen (3, p. 172). Die
periodische starke Meeresströmung, welche dort unter dem Namen
des Corrente oder der Rema den Messinesen bekannt ist, tritt
täglich zweimal in den Hafen ein und führt ihm jene unerschöpflichen Schätze von pelagischen Thieren zu, welche seit Johannes
Müller die Bewunderung und Forschungslust aller dorthin reisenden Naturforscher erregt haben. Nicht minder auffallig trat mir
die planktonische Bedeutung der localen Meeresströmungen später
in Lanzarote entgegen, wo die „Zaïn"-Ströme des canarischen
Meeres ebenfalls einen ausserordentlichen Reichthum an pelagischen
Thieren mit sich führen; mein Reisegefährte Richard Greeff
hat diese „Meeresströmungen als Thierstrassen" sehr anschaulich
beschrieben (18, p. 307). Während meiner zahlreichen pelagischen
Fahrten im Mittelmeere blieb es stets meine erste Sorge, die Verhältnisse der Corrrenten zu erforschen, und ich habe an den
verschiedensten Theilen seiner Küsten — von Gibraltar bis zum
Bosporus, von Corfu bis Rhodos, von Nizza bis Tunis — mich
immer mehr von dem maassgebenden Einflusse überzeugt, welchen
sie auf die Zusammensetzung und Vertheilung des Plankton aus-
üben.

Obwohl die fundamentale Wichtigkeit der Meeresströmungen
für die verschiedensten Fragen der Oceanographie jetzt allgemein
anerkannt wird, ist doch bisher wenig geschehen, um ihre Bedeutung für die Planktologie im Einzelnen zu verfolgen. Wie mir
scheint, müssen wir hier mit Rücksicht auf unser Thema vor Allem
unterscheiden: 1) die Halicorrenten (die grossen oceanischen
Strömungen), 2) die Bathycorrenten (die mannichfaltigen
Tiefen-Strömungen oder Unterströme), 3) die Xerocorrenten
(die littoralen Strömungen oder localen Küstenströme) und 4) die
Zoocorrenten (die localen Plankton-Strömungen oder verdich-
teten Thierstrassen).

Halicorrenten oder Ocean-Ströme. Die ungleichmässige
Vertheilung des Plankton im Ocean wird in grossem Maassstabe

vor Allem durch die oceanischen Strömungen bewirkt. Im Allgemeinen darf hier wohl als anerkannt der Satz gelten, dass die
grossen Ocean-Strömungen, die wir kurz als Halicorrenten
bezeichnen, eine grössere Anhäufung von schwimmenden Organismen
bedingen und mithin an Plankton reicher sind, als die Halistasen oder „Stromstillen", die ausgedehnten Gebiete, welche
von jenen umschlossen und relativ strömungsfrei sind. Schon seit
langer Zeit ist der grosse Reichthum an Plankton bekannt, durch
welchen sich der Golfstrom an der Ostküste von Nord-Amerika,
der Falkland-Strom an der Ostküste von Süd-Amerika, und der
Guinea-Strom an der Westküste von Central-Afrika auszeichnen.
Weniger bekannt und untersucht, als diese atlantischen Ströme,
aber auch sehr reich an verschiedenem Plankton sind die grossen
Strömungen des Indischen und Pacifischen Oceans: die Monsun-
Ströme an der Südküste von Asien, der Mosambik-Strom an der
Ostküste von Süd-Afrika, der Schwarze Strom von Japan, der
Peru-Strom an der Westküste von Süd-Amerika, u. s. w. Es ist
sehr schwierig, aus den zahlreichen zerstreuten Angaben über die
pelagische Fauna und Flora dieser grossen Ocean-Correnten
sich ein allgemeines Bild derselben zusammenzustellen. Soweit
dies aber bis jetzt möglich ist, glaube ich daraus den Schluss
ziehen zu dürfen, dass allgemein das Plankton der Halicorrenten sowohl in qualitativer als quantitativer
Beziehung reicher ist als das Plankton der Halistasen, oder der grossen oceanischen Seebecken, welche rings
von den grossen Strömungen und Gegenströmungen umflossen sind,
und welche auf jeder neueren Karte der Seeströmungen auf den
ersten Blick entgegentreten [1]).

Indem ich diesen Satz vertrete, stütze ich mich vor Allem
wieder auf die reichen Erfahrungen der beiden wichtigsten Plankton-
Expeditionen, des Challenger (6) und des Vettor Pisani (8); dem-

---

1) Die systematische biologische Untersuchung der Halistasen
und ihre Vergleichung mit den Halicorrenten scheint mir eines
der nächsten und dringlichsten Probleme der Planktologie — und
weiterhin auch der Oceanographie — zu bilden. Abgesehen von den
kleineren und wenig untersuchten Halistasen des arktischen und antarktischen Gebietes, dürften im Ganzen fünf grosse Stromstillen zu
unterscheiden sein, nämlich 1. die nordatlantische Halistase (mit der
Sargasso-See); 2. die südatlantische (zwischen Benguela- und Brasil-
Strömung); 3. die indische (zwischen Madagascar und Australien);
4. die nordpacifische (zwischen Californien und China), und 5. die
südpacifische Halistase (zwischen Chili und Tahiti).

nächst aber auch auf meine eigene vergleichende Untersuchung
von mehreren Hundert Plankton-Proben, welche theils von MURRAY,
theils von Capitän RABBE in den verschiedensten Gebieten der drei
grossen Oceane gesammelt wurden. Der Plankton-Reichthum der
grossen Halicorrenten ist am auffallendsten da, wo sie am schmalsten
sind, wo also die darin zusammengestaute Masse von schwimmenden Thieren und Pflanzen am dichtesten zusammengedrängt
wird. Hier ist zugleich höchst merkwürdig der Gegensatz, welchen
die reiche pelagische Fauna und Flora der Strömung in qualitativer und quantitativer Beziehung zu der dürftigen Bevölkerung
der unmittelbar angrenzenden Halistase bildet. Wie die Temperatur und oft selbst die Farbe des Seewassers in beiden Nachbar-
gebieten auffallend verschieden und oft scharf gesondert sind, so
auch die Zusammensetzung ihrer pelagischen Thier- und Pflanzen-
Welt. So beobachtete MURRAY einen starken Contrast zwischen
der kühlen grünen Küsten-Strömung und dem wärmeren tiefblauen
Ocean-Wasser, als der Challenger zwischen Juan-Fernandez und
Valparaiso sich der Küste von Chili näherte, und entsprechend
trat ein plötzlicher Wechsel der pelagischen Fauna ein, indem die
oceanischen Globigerinen verschwanden und in grosser Menge die
neritischen Diatomeen, Infusorien und Hydromedusen erschienen
(6, p. 833).

Sehr auffallend war dieser Wechsel, als der Challenger (bei
Station 240, am 21. Juni 1875) den warmen „Schwarzen Strom"
von Japan verliess und in die südlich anstossende kalte Strom-
stille übertrat (unter 35⁰ N. Br., 153⁰ Ö. L.). Grosse polymikte
Massen von planktonischen Bewohnern des ersteren wurden hier
durch den schroffen Temperatur-Wechsel getödtet und durch die
monotone Copepoden-Fauna der kalten Halistase ersetzt (6, p. 758).
Auch auf der weiteren Fahrt durch den Japan-Strom zeigte der
Plankton-Inhalt der Taunetze deutlich die Nachbarschaft von zwei
verschiedenen Correnten an: „in den kalten Strömen erschien eine
viel grössere Menge von kleinen Diatomeen, Noctiluken und Hydromedusen, als in den wärmeren Strömen, wo die reichere pelagische
Thierwelt (Radiolarien, Globigerinen) dieselbe blieb, welche der
Challenger von den Admiralitäts-Inseln bis Japan beobachtet hatte."
Viele ähnliche Fälle kamen während der Fahrt vor, wo die An-
näherung an die Küste oder die Gegenwart von Küsten-Strömungen
durch den Inhalt der Taunetze angezeigt wurden (6, p. 750).

Aehnliche Beobachtungen über den Plankton-Reichthum der
oceanischen Strömungen, wie WYVILLE THOMSON und MURRAY auf

dem Challenger (6), machten PALUMBO und CHIERCHIA auf dem Vettor Pisani (8). Der Letztere hebt ganz besouders die grosse Bedeutung derselben hervor und die massenhafte Anhäufung pelagischer Thiere in beschränkten Stromgebieten. „Es ist eine Thatsache, dass man im Allgemeinen bei der Fahrt durch den Ocean grosse Massen von Individuen einer Art auf relativ engen Räumen zusammengedrängt findet, und zwar von Organismen, welche wegen ihrer geringen Körpergrösse nicht zu ausgiebigen Bewegungen befähigt sind. Ueberdies ist es auch eine Thatsache, dass, wenn das Schiff sich inmitten eines der grossen oceanischen Ströme befindet, die pelagische Fischerei die glänzendsten Resultate giebt (8, p. 109). Es ist ganz gewiss, dass die Untersuchungen über die Verbreitung der pelagischen Organismen nicht werden fortschreiten können, ohne dass zugleich das Studium der Strömungen, der Temperatur und der Dichtigkeit des Wassers gleichmässig fortschreitet (8, p. 110).

Auch den Theilnehmern der Kieler „National"-Expedition (1889) konnte die grosse Ungleichmässigkeit der Plankton-Vertheilung im Ocean und die Bedeutung der oceanischen Strömungen für dieselbe nicht entgehen. „Schon während der Fahrt konnte constatirt werden, dass in den verschiedenen atlantischen Strömen stets zahlreiche Formen auftraten, die in den vorher durchlaufenen Gebieten fehlten. Die Verhältnisse liegen jedoch viel verwickelter (!), als wir vorher angenommen hatten" (23, p. 518). Merkwürdig ist aber, wie HENSEN, der Leiter dieser Plankton-Expedition, die massenhafte Anhäufung der pelagischen Organismen in einzelnen Strom-Gebieten auffasst und für seine Theorie von der gleichmässigen Vertheilung des Plankton verwerthet: „Die Prüfung der Volumina des Plankton ergiebt, dass fünfmal im Norden, einmal nördlich von Ascension, aussergewöhnlich grosse Fänge (!) gemacht wurden. Diese müssen durch besondere Strömungen in unser Gebiet geführt worden sein und können daher zunächst ausser Betracht bleiben" (!) (9, p. 249).

Wie mir scheinen will, hätte HENSEN besser gethan, diese und andere von ihm beobachtete Thatsachen über die ungleichmässige Plankton-Vertheilung gehörig zu berücksichtigen, ehe er seine grundlegende, allerdings schlecht dazu passende Theorie von der Gleichmässigkeit derselben aufbaute. Es wäre das um so mehr zu erwarten gewesen, als er schon bei seinen ersten oceanischen

Plankton-Studien (1887) selbst vielfach „auffallende Ungleichmässigkeit" beobachtete, und seine eigenen Zahlen-
Tabellen dafür viele Beweise liefern. Indem er mehrfach die ungeheuren Medusen-Schwärme erwähnt und diese „ganz übermässigen
Anhäufungen für räthselhaft" erklärt, fügt er hinzu: „Solche Stellen
müssen bei dieser Fischerei vermieden werden" (! 9, p. 27, 65).
Als HENSEN später, bei Vergleichung der verschiedenen Copepoden-
Fänge (eines der wichtigsten Plankton-Bestandtheile!) findet, „dass
die Vertheilung des Plankton im Ocean sehr ungleichmässig
ist und die Zusammensetzung desselben seinen allgemeinen Vor-
stellungen über das Naturleben ziemlich stark widerspreche" (9,
p. 52), hält er für das Beste, dass diese Fänge, die „so sehr anderer Art sind, aus der Betrachtung ausgeschieden werden" (p. 51,
53). Auch bei *Sagitta*, die HENSEN mit den Copepoden zu dem
gleichmässigen perennirenden Plankton rechnet, findet er „durchaus nicht die Gleichmässigkeit, die man erwarten möchte, vielmehr
höchst auffallende Schwankungen" (p. 59). Dieselbe „überra-
schende Ungleichmässigkeit" — „Schwankungen bis zum
Zehnfachen"! — findet er bei den Daphniden (p. 54, 56), und
Hyperiden (p. 57), bei den pelagischen Larven der Schnecken und
Muscheln (p. 57, 58), bei den Appendicularien und Salpen (p. 63,
64), den Medusen und Ctenophoren (p. 64, 65), den Tintinnoiden
(p. 68) und Peridineen (p. 71), sogar bei den Diatomeen (p. 82) —
kurz, bei fast allen Gruppen von pelagischen Organismen, welche
durch massenhafte Production von Individuen wichtig für das
Plankton sind, und bei welchen HENSEN seine mühselige Zähl-
Methode behufs quantitativer Plankton-Analyse anwendete. Wenn
man freilich alle diese Fälle von auffallender Ungleichmässigkeit
„aus der Betrachtung ausscheidet" (— weil sie nicht zu der theo-
retisch vorausgesetzten Gleichmässigkeit der Plankton-Composition
passen —), dann muss schliesslich die letztere sich auch durch
Zahlen beweisen lassen.

Bathycorrenten oder Tiefen-Ströme. Erst durch die neueren
Untersuchungen, vor Allen der Engländer (CARPENTER, WYVILLE
THOMSON, JOHN MURRAY u. A., 13, 14) sind wir mit der grossen
Bedeutung der submarinen Correnten oder Tiefen-Strömungen bekannt
geworden. Es hat sich herausgestellt, dass die Epicorrenten, oder
die Strömungen der Oberfläche, uns durchaus keinen Schluss gestatten
auf die darunter befindlichen Unter-Strömungen, die wir jenen als
Bathycorrenten gegenüberstellen. Diese Unterströme können

in verschiedenen Tiefen des Oceans eine ganz andere Beschaffenheit, Richtung und Stärke haben als jene Oberströme; das gilt ebenso von den grossen oceanischen wie von den localen Küsten-Strömungen. Wenn schon das genauere Studium der Meeres-Strömungen an sich eine sehr schwierige Aufgabe ist und namentlich exacten Bestimmungen grosse Hindernisse in den Weg legt, so gilt das ganz besonders von den Tiefen-Strömungen. Hier müssen erst neue Mittel und Wege gefunden werden, um in das dunkle Labyrinth von sehr verwickelten physikalischen Vorgängen einzudringen. Nur das können wir schon jetzt sagen, dass die Bathycorrenten für die u n g l e i c h m ä s s i g e Z u s a m m e n s e t z u n g u n d V e r t h e i l u n g d e s P l a n k t o n von grösster Bedeutung sind. Seit wir durch die Entdeckungen von Murray (1875), Chierchia (1885) und Chun (1887) die Existenz und Bedeutung der zonarischen und bathybischen Fauna, und namentlich durch Chun die v e r t i c a l e n W a n d e r u n g e n der bathypelagischen Thiere kennen gelernt haben, mussten selbstverständlich die verwickelten Verhältnisse der submarinen Correnten für die Planktologie eine ausserordentliche Bedeutung gewinnen. So wenig wir bisher auch Näheres über dieselben wissen, so geht doch zweierlei klar daraus hervor: Erstens, dass dieselben auf die localen und temporalen Oscillationen der Plankton-Composition von grossem Einflusse sind; und zweitens, dass es eine unhaltbare Illusion ist, wenn Hensen und Brandt glauben, mittelst ihres exact arbeitenden verticalen Plankton-Netzes „eine Wassersäule, deren Höhe und deren Grundfläche man genau berechnen kann, vollständig durchfiltrirt" zu haben (23, p. 515). Denn man kann niemals sicher wissen, welche beträchtlichen Veränderungen im Plankton dieser Wassersäule eine oder mehrere Unterströmungen schon während des Heraufziehens des Vertical-Netzes bewirkt haben.

Nerocorrenten oder Küsten-Ströme. Während die Halicorrenten oder die grossen Ocean-Strömungen in erster Linie durch die Winde bewirkt werden und mit den Luft-Strömungen unserer Atmosphäre in unmittelbarem Zusammenhang stehen, ist dies bei localen Küsten-Strömungen nur theilweise der Fall; zum anderen Theil wirken hier eine Anzahl von localen Ursachen zusammen, die in den klimatischen und geographischen Verhältnissen der benachbarten Küste zu suchen sind. Bei reich gegliederten Küstenländern, bei inselreichen Archipelen u. s. w. gestaltet sich daher das Studium der Littoral-Strömungen zu einem sehr verwickelten

Problem. Die physikalische und geologische Beschaffenheit der Küsten-Gebirge und des Strandes, die Zahl und Stärke der einmündenden Flüsse, die Qualität und Qantität der Küsten-Flora u. s. w. sind hier wichtige Factoren. Den Fischern, Lootsen u. s. w. sind diese localen Küstenströme, die wir kurz Nerocorrenten nennen wollen, sehr wohl bekannt, und sie sind oft mit ihren Einzelheiten auf das Genaueste vertraut; wissenschaftlich sind dieselben aber erst zum kleineren Theil und in geringem Maasse näher untersucht. Für die Planktologie sind sie von sehr hohem Interesse und von nicht geringerer Bedeutung als die oceanischen Strömungen. Zunächst kommen dabei die wichtigen, oben angedeuteten Wechsel-Beziehungen des neritischen und des oceanischen Plankton in Betracht. Jeder, der längere Zeit an einem bestimmten Küsten-Punkte pelagische Fischerei getrieben hat, weiss, wie sehr der Ertrag derselben von der Beschaffenheit der Küste, von dem Laufe und der Ausdehnung der Küsten-Ströme bedingt ist. Meerengen, wie diejenigen von Messina und Gibraltar, Hafenbuchten, wie diejenigen von Villafranca und Portofino, liefern schon desshalb ungewöhnlich reiche Plankton-Erträge, weil in Folge der Littoral-Correnten eine Masse von schwimmenden Thieren und Pflanzen in dem beschräukten Raume zusammengetrieben und angehäuft werden. Das Volumen dieser aufgestauten Plankton-Massen ist oft zehnmal oder vielmal grösser, als dasjenige in den unmittelbar angrenzenden Meerestheilen. Umgekehrt ist die Plankton-Masse ausserordentlich arm an pelagischen Thieren und Pflanzen dort, wo durch Einmündung grosser Flüsse eine Menge von Süsswasser in das Meer eingeführt und sein Salzgehalt herabgesetzt wird. Schon Johannes Müller wies darauf hin, wie sehr der Ertrag der pelagischen Fischerei dadurch beeinträchtigt wird. Anderseits führen wieder die Flüsse tagtäglich eine Masse von organischen Substanzen ins Meer, welche den benthonischen Organismen als Nahrung dienen; und da das Benthos wieder zum Plankton in vielfachen Wechsel-Beziehungen steht, da meroplanktonische Thiere (wie die Medusen, die pelagischen Larven von Würmern, Echinodermen u. s. w.) einen beständigen Verkehr zwischen Beiden vermitteln, so ist leicht einzusehen, wie auch die Vertheilung der holoplanktonischen Thiere dadurch beeinflusst, und wie ungleichmässig dadurch die Composition des Plankton wird.

Zoocorrenten oder Plankton-Ströme. Zu den merkwür-
digsten und wichtigsten Erscheinungen der marinen Biologie gehört die massenhafte Anhäufung von schwimmenden Körpern, welche
lange und schmale Gassen von verdichtetem Plankton bilden, Alle
Naturforscher, welche längere Zeit am Meere gearbeitet und das
unregelmässige Erscheinen der pelagischen Organismen verfolgt
haben, kennen diese sonderbaren Ströme, welche die italienischen
Fischer allgemein mit dem Namen „Correnti" belegen. CARL
VOGT hat schon 1848 auf ihre grosse Bedeutung für die pelagische
Fischerei hingewiesen (17, p. 303). Zur wissenschaftlichen Be-
zeichnung derselben und zu ihrer Unterscheidung von anderen
Seeströmungen möchte ich den Ausdruck Zoocorrenten oder
Zooremen vorschlagen [1]).

Die pelagischen Thiere und Pflanzen erscheinen in diesen Zoocorrenten so massenhaft angehäuft und so dicht gedrängt, wie etwa die
menschliche Bevölkerung in den belebtesten Strassen einer grossen
Handelsstadt. Millionen und aber Millionen kleiner Geschöpfe aus
allen oben angeführten Gruppen planktonischer Organismen wimmeln
bunt durcheinander und gewähren ein Schauspiel, von dessen
Reiz man sich nur durch eigene Anschauung eine Vorstellung
verschaffen kann. Schöpft man auf's Geradewohl mit dem Wasser-
glase eine Portion aus diesem bunten Gewimmel heraus, so ist
nicht selten „die grössere Hälfte des im Glase enthaltenen Ge-
menges (eines wirklichen lebenden Thierbreies) von Thier-Volum,
die kleinere von Wasser-Volum eingenommen" (3, p. 171). Schon
von weitem sind diese „wimmelnden Seethier-Strassen" gewöhnlich
an der spiegelglatten Beschaffenheit kenntlich, welche die Meeres-
Oberfläche hier zeigt, während sie dicht daneben mehr oder weniger
gekräuselt ist. Oft kann man einen solchen „öligen Thierstrom",
der gewöhnlich eine Breite von 5—10 Meter besitzt, weiter als
einen Kilometer verfolgen, ohne eine Abnahme des dichten Thier-
gewimmels in demselben wahrzunehmen, während zu beiden Seiten
desselben, rechts und links, das Meer fast leer ist, oder nur einzelne versprengte Nachzügler aufweist. In Messina, wie in Lanzarote war die Erscheinung der Zoocorrenten ganz besonders aus-
geprägt. Mein Reisegefährte, RICHARD GREEFF, hat die canarischen Thierströme so vortrefflich geschildert, dass ich seine
Beschreibung hier wörtlich folgen lasse:

1) Roma (in Messina gebräuchlich) ist aus dem griechischen Wort
ῥεῦμα abgeleitet, = Strömung. Vergl. 3, p. 172, Anmerkung.

„Unser Augenmerk richtete sich auf die höchst eigenthümlichen langen und schmalen Meeresströmungen, welche für die pelagische Fischerei mit dem feinen Netze von ganz besonderer Wichtigkeit sind. Blickt man nämlich bei ruhiger See, namentlich von einem höheren Standpunkte aus über die weite Wasserfläche hin, so sieht man hier und dort scharf markirte glänzende Streifen, die wie lange schmale Bänder die Oberfläche des Wassers durchkreuzen. Ihre Wege und die Stellen ihres Auftretens scheinen durchaus wechselnd und unregelmässig zu sein. Bald sind sie zahlreich, bald nur spärlich oder fehlen ganz, heute tauchen sie hier, morgen dort auf, die einen haben diese, die anderen eine entgegengesetzte oder die ersteren kreuzende Richtung. Zuweilen laufen sie auch lange neben einander oder verbinden sich zu einem einzigen Strom. Nähert man sich diesen Streifen, so gewahrt man, dass in denselben in der That eine von der Bewegung des umgebenden Wassers abweichende Strömung herrscht, und dass gerade hierdurch auch das glatte, bandartige Ansehen hervorgebracht wird. Sie machen den Eindruck von besonderen den Ocean durchschneidenden Flüssen mit eignem Flussbett und eignem Ufer, die trotz des grossen Wechsels in Zeit und Ort ihres Auftretens doch während des jedesmaligen oft nur kurzen Bestehens eine gewisse Selbständigkeit bewahren. Trifft man auf solche Ströme, die nicht allzu weit von der Küste entfernt sind, so sieht man, dass alle die kleineren leichteren Gegenstände, die sonst hier an der Oberfläche zerstreut umherschwimmen oder am Strande ausgeworfen werden, in dieselben hineingezogen werden. Holz- und Korkstücke, Stroh, vom Grunde losgerissene Algen und Tange u. dergl., Alles das treibt in bunter Reihe langsam in dem Strome fort. Neben diesen Dingen aber werden auch, und das ist für uns die wichtigste Erscheinung, alle die in den Bereich dieser Strömungen gelangenden Thiere hineingerissen und erfüllen sie oft in so grossen Massen, dass man versucht ist, zu glauben, es sei nicht bloss der mechanische Zug des schmalen Stromes, der eine solche Anhäufung von Thieren hervorgebracht, sondern dass die Letzteren willkürlich diese glatten ruhigen Strassen aufsuchen, vielleicht sogar im Zusammenhang mit gewissen Lebensäusserungen. Eine Fahrt über eine solche pelagische Thierstrasse bietet eine Fülle der interessantesten Beobachtungen. Ueber den Rand des Nachens gelehnt kann man Heerschau halten über die zahllosen bunten Meeresbewohner, die bald einzeln vorbeiziehen, so dass man sie in ihrer ganzen Eigenthümlichkeit mustern kann, bald in so dicht geschlossenen Haufen, dass sie bis einige Fuss tief unter der Oberfläche eine ununterbrochene Thierschicht zu bilden scheinen. Immerhin werden diese Thierstrassen, wo man sie im Meere antrifft, stets die sichersten und reichsten zoologischen Fundgruben für die sogenannte pelagische Fauna bilden, obgleich man natürlich bei ihrer grossen Wandelbarkeit und ihrer Abhängigkeit von ruhiger See niemals mit Bestimmtheit auf sie rechnen kann. Ebenso ist die Entstehung dieser merkwürdigen Strömungen und ihre Bedeutung für die Naturgeschichte des Meeres noch eine fast vollkommen dunkle, trotzdem sie fast in allen Meeren und unter günstigen Umständen täglich beobachtet werden können und auch den

Fischern von Arrecife unter dem Namen „Zain" bekannt waren (18, p. 307).

Obwohl die Zoocorrenten in den verschiedensten Theilen des Oceans vorzukommen scheinen, und schon oft das Erstaunen der Beobachter erregt haben, fehlt es doch noch an einer genaueren Untersuchung derselben. Was ich darüber aus eigener Erfahrung weiss und zum Theil auch durch andere Mittheilungen bestätigt finde, ist im Wesentlichen Folgendes: Die Zoocorrenten kommen sowohl im offenen Ocean als im Küstengebiet vor, vorzugsweise im Gebiete solcher Nerocorrenten, welche in Meerengen, zwischen Inseln oder längs eingeschnittener Küsten verlaufen. Sie sind abhängig vom Wetter, besonders vom Wind, und erscheinen in der Regel nur bei Windstille. Obgleich bei den neritischen Zoocorrenten der locale Verlauf mehr oder weniger constant ist, unterliegt er doch täglichen (oder selbst stündlichen) Schwankungen. Ihre Breite beträgt gewöhnlich zwischen 5 und 10 Meter, anderemale 20—30 Meter und mehr; ihre Länge bald nur einige Hundert Meter, bald mehrere Kilometer. Oceanische Thierströme erreichen viel grössere Ausdehnung. Ihre Zusammensetzung ist bald polymikt, bald monoton; oft von Tag zu Tag wechselnd. Höchst auffallend ist die scharfe Abgrenzung der glatten, dichtbevölkerten Thierstrassen, besonders wenn das wenig belebte und planktonarme Wasser zu beiden Seiten schwach vom Winde gekräuselt wird. Welche Ursachen zusammenwirkend diese massenhaften Anhäufungen bedingen, ist uns heute noch ganz dunkel; gewiss werden Wind und Wetter dabei eine Rolle spielen, oft auch Ebbe und Fluth; ferner locale Verhältnisse des betreffenden Meeres-Gebiets, insbesondere temporale Local-Strömungen. In ähnlicher Weise, wie Wirbelwinde auf den Strassen die daselbst verbreiteten Massen von Staub und kleineren Gegenständen zusammentreiben, und als Staubsäule in die Höhe führen, können auch submarine Wirbelströme die bathypelagischen Plankton-Massen dicht zusammendrängen und zum Meeresspiegel emportreiben. Wahrscheinlich sind aber auch verwickelte ökologische Beziehungen dabei mit im Spiele, z. B. plötzliche gleichzeitige Massen-Entwickelung von Eiern einer Thier-Art. Die genaue Erforschung der Zoocorrenten ist eines der dringendsten Probleme der Planktologie.

VI. Methoden der Planktologie.

Die neuen Gesichtspunkte und Methoden, welche seit drei Jahren durch Professor HENSEN in die Planktologie eingeführt sind, und deren ich bereits gedacht habe (p. 8—10), verfolgen als Hauptzweck die quantitative Analyse des Plankton, d. h. die möglichst exacte Bestimmung der Massen von organischer Substanz, welche die schwimmenden Organismen des Meeres produciren. Um diese Aufgabe zu lösen und der damit verknüpften Frage vom „Stoffwechsel des Oceans" näher zu treten, erfand HENSEN eine neue mathematische Methode, die hauptsächlich darin gipfelt, die Individuen von Thieren und Pflanzen zu zählen, welche den Ocean bevölkern; wir können diese neue Methode kurz als die oceanische Populations-Statistik von HENSEN bezeichnen. Welchen hohen Werth dieser unermüdliche Physiologe seiner neuen arithmetischen Methode beimisst, geht aus der ausführlichen Erörterung hervor, welche er derselben in seiner ersten Mittheilung widmet (9, p. 2—33), aus der bewunderungswürdigen Geduld, mit welcher derselbe monatelang die einzelnen Diatomeen, Peridineen, Infusorien, Crustaceen und andere pelagische Individuen in den einzelnen Zügen des Müller-Netzes gezählt hat, und aus den langen Zahlen-Tabellen, Zählungs-Protocollen und Fang-Verzeichnissen, welche er seiner ersten, 1887 erschienenen Plankton-Abhandlung angehängt hat.

Jeder gewöhnliche pelagische Zug mit dem Müller-Netze oder Taunetze bringt Tausende von lebenden Wesen aus dem Meere herauf, unter günstigen Umständen Hunderttausende und Millionen von Individuen [1]. Wie mühsam und zeitraubend die Zählung dieser (grösstentheils mikroskopischen) Organismen ist, geht daraus hervor, dass „schon die Zählung eines Ostsee-Fanges, der seiner Zusammensetzung nach ziemlich einförmig ist, acht volle Tage erfordert, den Tag zu acht Arbeitsstunden gerechnet" (23, p. 516). Indem BRANDT an diesem Beispiele das „höchst originelle Verfahren" von HENSEN erläutert (— „ersonnen zum Angriff eines Problems, an dessen Lösung Niemand zuvor gedacht

1) In einem kleinen Fang, der kaum 2 Cubikmeter Ostsee-wasser filtrirt hatte, fanden sich 5 700 000 Organismen, darunter allein 5 Millionen mikroskopische Peridineen, 630 000 Stück Diatomeen, 80 000 Copepoden und 70 000 andere Thiere (23, p. 516).

hatte" -), bemerkt er mit Hinsicht auf die bevorstehende quantitative Analyse der atlantischen Plankton-Expedition des National
(1889): „Die sehr viel mannichfaltigeren Oceanfänge werden vor-
aussichtlich doppelt so viel Zeit in Anspruch nehmen, und da bei
der Planktonfahrt mindestens 120 derartige Fänge erhalten wurden,
so wird die Verarbeitung derselben — ganz abgesehen von den
vorbereitenden Bestimmungen — einen Untersucher 120×14 Tage,
also sechs Jahre vollkommen beschäftigen" (**23**, p. 516)[1]).
Die Urtheile über die Bedeutung und den Werth der oceanischen Populations-Statistik von HENSEN lauten sehr verschieden.
E. DU BOIS-REYMOND misst ihr in seinem Berichte an die Berliner
Akademie (**21**, p. 83) eine ausserordentliche Wichtigkeit bei,
„wodurch die ungewöhnlichen dafür gebrachten Opfer gerecht-
fertigt werden"; nach seiner Meinung nimmt die dafür bestimmte
Plankton-Expedition des National „in ihren bescheidenen Grenzen,
durch die Neuheit und Schönheit ihrer wohlumschriebenen Aufgabe, eine eigenartige Stellung ein, und die HUMBOLDT-Stiftung darf
stolz darauf sein, in erster Linie zu ihrer Ausführung beigetragen
zu haben" (**21**, p. 87)[2]). Auf Grund dieser ehrenvollen Anerkennung, sowie der grossen Hoffnungen, welche die Kieler Naturforscher selbst an die Ergebnisse der „National"-Expedition
knüpfen, hat sich in den zahlreichen Besprechungen derselben in
deutschen Zeitschriften die Ansicht verbreitet, dass damit wirklich
ein ganz neues Gebiet wissenschaftlicher Forschung betreten, und
dass dessen weiterer Ausbau von grösster Wichtigkeit sei. Ich
kann leider dieser günstigen Auffassung nicht beistimmen.

---

1) Hiernach würde der bedauernswerthe Plankton-Zähler allein
an diesen 120 Fängen über siebenzehntausend Stunden zu
zählen haben. Wie eine solche arithmetische Danaiden-Arbeit ohne Ruin
des Geistes und Körpers durchzuführen ist, kann ich nicht begreifen.
2) In der Einleitung zu diesem merkwürdigen Bericht sagt DU
BOIS-REYMOND, dass HENSEN seit dem Jahre 1882 „darauf aufmerksam
geworden war, dass besonders an der Oberfläche des Meeres eine
ungleich massenhaftere Bevölkerung kleinster Lebensformen sich finde,
als man früher sich vorstellte" (21, p. 83). Diese Bemerkung bedarf
desshalb der Berichtigung, weil dieselbe vielfach in die rühmenden
Berichte der Tagesblätter über die Plankton-Expedition des „National"
übergegangen und daraus irrthümlich gefolgert worden ist, dass HENSEN
erst vor acht Jahren die Existenz und die Massenhaftigkeit
der pelagischen Fauna und Flora entdeckt habe. In Wahrheit sind
diese seit 45 Jahren Gegenstand der Bewunderung und Erforschung
für zahlreiche Naturforscher gewesen (vergl. oben die Einleitung).

Vertheilung des Plankton.

Die Grundlage, auf welcher die ganzen planktologischen Anschauungen und Berechnungen von HENSEN ruhen, ist die Annahme, „dass in dem Ocean das Plankton gleichmässig genug vertheilt sein müsse, um aus wenigen Fängen über das Verhalten sehr grosser Meeresstrecken sicher unterrichtet zu werden" (22, p. 243). Wie HENSEN selbst sagt, ging er von dieser „rein theoretischen Ansicht" aus, und er glaubt, „vollen Erfolg gehabt zu haben, weil diese theoretische Voraussetzung sich weit vollständiger bewahrheitet hat, als gehofft werden konnte". Ich habe bereits vorher (im V. Abschnitt) gezeigt, dass diese fundamentale Voraussetzung vollkommen irrthümlich ist. Die Masse des Plankton im Ocean ist keine perennirende und constante, sondern eine höchst variable und oscillante Grösse. Die biologische Composition des Plankton (V. A.) ist höchst verschiedenartig, abhängig von temporalen Schwankungen (Jahrgang, Jahreszeit, Wetter, Tageszeit, V. B.), von klimatischen Verhältnissen (V. C.), und vor Allem von den verwickelten correntischen Verhältnissen der Meeres-Strömungen (von den oceanischen und littoralen Correnten, den Tiefen-Strömungen und den localen Zoocorrenten, V. D.).

Eine umfassende und unbefangene Würdigung aller dieser öcologischen Verhältnisse muss uns daher schon a priori zu der Ueberzeugung führen, dass die Vertheilung des Plankton im Ocean höchst ungleichmässig sein muss, und wir finden diese „rein theoretische Ansicht vollständig bewahrheitet" a posteriori durch die vergleichende Betrachtung und Zusammenstellung aller früheren, oben angeführten Beobachtungen. Diese können durch die entgegengesetzten Annahmen von HENSEN nicht als widerlegt gelten; denn die empirische Basis der letzteren ist in örtlicher und zeitlicher Hinsicht viel zu dürftig und unvollständig.

Man könnte vielleicht einwenden, dass die technische Methode des Plankton-Fanges, die HENSEN anwendet, vollkommnere Resultate ergebe, als die bisher angewendeten Methoden. Indessen ist dies nicht der Fall. Die genaue Beschreibung, welche HENSEN von seiner technischen Methode der Plankton-Gewinnung (oder der „pelagischen Fischerei") giebt, ist sehr dankenswerth (9, p. 3 bis 14). Die Construction der Netze (Materialien, Bau der Netze,

Filtrationsgrösse), die Behandlung des Fanges und des Schiffes sind darin sehr ausführlich beschrieben. Die Fortschritte der neueren Technik, welche dabei verwerthet sind, können wohl dazu dienen, die pelagische Fischerei oder den Plankton-Fang ergiebiger und vollkommener zu betreiben, als es mit den einfacheren technischen Hülfsmitteln der bisherigen Planktologen möglich war. Ich kann jedoch nicht finden, dass eine der vorgeschlagenen Verbesserungen dieser pelagischen Technik einen grossen principiellen Fortschritt derselben bedeute, und etwa dem gewaltigen Fortschritt vergleichbar wäre, welchen 1884 PALUMBO und CHIERCHIA durch Erfindung des Tiefsee-Schliessnetzes herbeiführten (vergl. oben p. 6). Insbesondere vermag ich nicht einzusehen, dass das neue von HENSEN construirte „Plankton-Netz" wesentlich zuverlässigere Resultate geben soll, als die einfacheren bisherigen „MÜLLER-Netze" und die vom Challenger verwendeten „Taunetze". Ein solches Vertical-Netz wird immer nur einen Theil des in der durchgehenden Wasser-Menge enthaltenen Plankton heraufbringen, und keineswegs, wie HENSEN und BRANDT glauben, „eine Wassersäule, deren Höhe und Grundfläche man genau berechnen kann, vollständig durchfiltriren"; bei dieser Annahme sind die unberechenbaren Störungen durch Strömungs-Verhältnisse, insbesondere durch verborgene Tiefen-Ströme, ausser Acht gelassen, wie oben schon erwähnt. Uebrigens hat bereits CHIERCHIA darauf hingewiesen, wie unzuverlässig und wenig ergiebig die Fischerei mit dem Vertical-Netz ist, wegen der vorwiegend horizontalen Schwimmbewegung der pelagischen Thiere (8, p. 79). Jedenfalls sind die Verbesserungen, welche HENSEN in die technische Methode des Plankton-Fanges eingeführt hat, nicht so bedeutend, dass man daraus die auffälligen Unterschiede zwischen seinen und den früheren Ergebnissen erklären könnte.

Oceanische Populations-Statistik.

Die Statistik im Allgemeinen ist bekanntlich eine sehr gefährliche Wissenschaft, weil sie gewöhnlich darauf angewiesen ist, aus einer Anzahl unvollständiger Beobachtungen den annähernden Durchschnittswerth einer Grösse zu finden. Indem sie ihre Resultate in Zahlen giebt, erweckt sie den trügerischen Schein mathematischer Sicherheit. Das gilt ganz besonders von complicirten biologischen und sociologischen Verhältnissen, deren Gesammt-Erscheinung durch Zusammenwirken von zahlreichen verschiedenen Factoren bedingt,

— 92 —

und daher nach Zeit und Ort sehr veränderlich ist. Ein solches höchst verwickeltes Verhältniss ist, wie ich im V. Abschnitt gezeigt zu haben glaube, die Composition des Plankton. Wenn daher wirklich, wie HENSEN will, diese durch Zählung der Individuen genau analysirt und dadurch eine oceanische Populations-Statistik geschaffen werden soll, so würde dies nur möglich sein durch Aufstellung zahlreicher statistischer Tabellen, die mindestens an hundert verschiedenen Orten des Oceans und an jedem derselben mindestens zu zehn verschiedenen Zeiten des Jahres die quantitativen Ergebnisse der Plankton-Fischerei in Zahlen zu bestimmen hätten.

Eine einzelne „Recognoscirungs-Fahrt" im Ocean, eine einzelne, nach Ort und Zeit beschränkte „Streiftour", wie die dreimonatliche atlantische Fahrt der „National"-Expedition, kann zu jener Aufgabe höchstens einen einzelnen Beitrag liefern; sie kann aber keineswegs, wie BRANDT meint, „feste Grundlagen" für deren Lösung und für jene „eingehende Analyse" darbieten (23, p. 525). Auch wenn wirklich nach sechs Jahren die 120 Fänge derselben — nach einer Zähl-Arbeit von mehr als siebenzehntausend Stunden! — durchgezählt vorliegen sollten, wenn wirklich durch statistische Ordnung dieser Zählungs-Protocolle und rationelle Berechnung ihrer Resultate eine brauchbare Vorstellung über die Individuen-Massen des untersuchten Ocean-Gebietes gewonnen sein sollte, so würde im besten Falle diese eine Rechnung uns eine annähernde Vorstellung von den Populations-Verhältnissen eines sehr kleinen Theiles des Oceans geben; wir könnten aber daraus keineswegs, wie die Kieler Forscher wollen, auf diejenigen des ganzen Oceans schliessen; dazu müssten Hunderte von ähnlichen Rechnungen vorliegen, entnommen den verschiedensten Gebieten, und gestützt auf zusammenhängende Beobachtungs-Reihen während ganzer Jahre. Die Zoologischen Stationen würden die geeigneten Observatorien sein, auf denen gerade solche vollständige Observations-Serien auszuführen wären, nicht aber solche Streiftouren, wie die dreimonatliche Fahrt des „National"[1].

1) Nach meiner Ueberzeugung würden die Resultate der Kieler „National"-Expedition ganz anders ausgefallen sein, wenn dieselbe in den drei Monaten Januar bis März, statt in der Zeit vom Juli bis October, ausgeführt worden wäre. Im Ganzen würden die Volumina der Plankton-Fänge, wenigstens im Nord-Atlantischen Ocean, wohl mehr als das Doppelte, stellenweise das Vielfache betragen haben; die Zusammensetzung würde gänzlich verschieden gewesen sein. Wenn

Zählung der Individuen.

Da die neue, von HENSEN eingeführte Methode der oceanischen Populations-Statistik ihre eigentliche Grundlage in der Zählung der Individuen sucht, welche das Plankton zusammensetzen, und da derselbe in diesen „Zahlen die einzige Basis findet, auf welche sich ein Urtheil stützen kann" (9, p. 26), so müssen wir diesen Cardinal-Punkt seiner Methodik, auf den er das grösste Gewicht legt, näher kritisch erörtern. Die Zählung der einzelnen organischen Individuen, welche die Masse des Plankton zusammensetzen, ist an sich — ganz abgesehen von ihrem eventuellen Werthe — eine äusserst schwierige und bedenkliche Aufgabe; auch hat sich HENSEN selbst einen Theil dieser grossen Schwierigkeiten nicht verhehlt und die Bedenken, die sich daraus gegen seine ganze Methode ergeben, theilweise zu widerlegen gesucht [1]). In der That sind dieselben aber viel grösser und gefährlicher, als er anzunehmen geneigt ist.

Was ist ein organisches Individuum? Diese einfache Frage ist bekanntlich äusserst schwierig zu beantworten. Auch wenn man nicht alle die Abstufungen der physiologischen und morphologischen Individualität annimmt, welche ich 1866 im dritten Buche meiner „Generellen Morphologie" unterschieden habe, sind zum Mindesten drei verschiedene Hauptstufen derselben auseinanderzuhalten: 1. die Zelle (oder Plastide), 2. die Person (oder der Spross), 3. der Cormus (oder Stock) [2]). Nur bei

die Expedition durch Zufall in einen Zoocorrenten gelangt wäre und ihre Fahrt in diesem einige Meilen fortgesetzt hätte, wäre der Ertrag des Netzes sicher hundertfach, vielleicht tausendfach grösser gewesen.

1) Der vierte Abschnitt der „Methodik" in der Plankton-Abhandlung von HENSEN, welcher „die Arbeit zu Lande" behandelt (A. Bestimmung des Volumens, B. die Zählung, 9, p. 15—30), ist besonders lesenswerth, nicht allein weil er den tiefsten Einblick in die Fehler seiner Methoden gewährt, sondern auch zugleich in seine ganz eigenthümliche Auffassung allgemeiner biologischer Probleme.

2) Die schwimmenden Thiere und Pflanzen, welche das Plankton zusammensetzen, würden in dieser Hinsicht nach folgenden Gesichtspunkten der Zählung zu unterwerfen sein: A. Protophyten (p. 26): Bei den Chromaceen, Calcocyteen, Murracyteen, Xanthelleen, Dictyocheen und Peridineen sind alle einzelnen Zellen zu zählen, bei den Diatomeen theils diese, theils die Coenobien oder Zellgemeinden (9, p. 20). B. Metaphyten (p. 34): Bei den Halosphaereen sind die

den Protisten (Protophyten und Protozoen) wird das actuelle Individuum durch die einzelne Zelle repräsentirt, hingegen bei den Histonen (Metaphyten und Metazoen) durch die höhere Einheit der Person oder des Stockes, die sich aus vielen Zellen zusammensetzt. Wenn man in Wirklichkeit die von HENSEN für unentbehrlich gehaltene Methode der Individuen-Zählung exact durchführen und brauchbare Resultate für seine statistische Aufgabe erhalten will, so bleibt weiter nichts übrig, als Zählung aller einzelnen Zellen, welche im Meere leben. Denn nur die einzelne Zelle, als das „organische Elementar-Individuum", kann die natürliche arithmetische Einheit solcher statistischer Zählungen und der darauf gegründeten Berechnungen bilden. Wenn HENSEN in seinen langen „Zählungs-Protocollen und Fang-Verzeichnissen" (9, p. XI- XXXIII) als „gezählte Individuen" neben einander — als coordinirte Kategorien! die einzelligen Radiolarien, die Cormen der Siphonophoren und Tunicaten, die Personen der Medusen, Ctenophoren, Echinodermen und Crustaceen, die Eier und Personen der Fische aufführt, so stellt er lauter incommensurable Grössen von ganz verschiedenem individuellen Werthe zusammen; dieselben werden erst für seinen Zweck vergleichbar, wenn alle einzelnen Zellen gezählt sind. Da aber jeder Fisch und jeder Walfisch

kugeligen Thallen, bei den Oscillatorien die einzelnen fadenförmigen Thallen, bei den Sargasseen sowohl die Cormen als deren Sprosse zu zählen; eigentlich aber auch die Zellen, welche jeden Thallus und jeden Spross zusammensetzen! C. Protozoen (p. 36): Sowohl bei den Infusorien (Noctiluken und Tintinnen) als bei den Rhizopoden (Thalamophoren und Radiolarien) sind alle einzelligen Individuen zu zählen, bei den Polycyttarien aber ausserdem die Coenobien (die Colonien der Collozoiden, Sphaerozoiden und Collosphaeriden). D. Coelenteraten (p. 40): Bei den Medusen und Ctenophoren, ebenso bei den pelagischen Anthozoen und Turbellarien sind die einzelnen Personen zu zählen, bei den Siphonophoren sowohl diese als die einzelnen Stöcke; denn jede Person (oder jedes Medusom) eines Cormus ist hier einer Meduse äquivalent. E. Tunicaten (p. 47): Bei den Copelaten, bei Doliolum und der solitären Salpen-Generation sind die einzelnen Personen zu zählen, hingegen bei den Pyrosomen und den Salpenketten sowohl die einzelnen Cormen, als die Personen, welche dieselben zusammensetzen. F—K. Bei allen übrigen Gruppen der planktonischen Thiere, bei den Sagitten, Mollusken, Echinodermen-Larven, Articulaten und Fischen sind zunächst bloss die Personen zu zählen, dann aber auch die Zellen, welche jedes dieser Metazoen zusammensetzen.

des Oceans täglich Milliarden von jenen Plankton-Organismen verzehrt, so müssen, um einen wirklich „exacten" Einblick in den Stoffwechsel des Oceans zu gewinnen, auch die Zellen-Milliarden gezählt und in Rechnung gestellt werden, welche den Körper dieser Riesenthiere zusammensetzen.

Oeconomischer Ertrag des Oceans.

Die quantitative Bestimmung des Plankton hält Hensen nicht allein im theoretischen Interesse der Wissenschaft für höchst wichtig, sondern auch im praktischen Interesse der National-Oeconomie. Er meint, „dass man nur dann richtige Maassnahmen im Interesse der Fischerei [1]) werde aufzufinden vermögen, wenn man in der Lage sei, sich ein Urtheil über die Ertragsfähigkeit des Meeres zu bilden" (9, p. 2). Demgemäss hält er es für die dringlichste Aufgabe, den öconomischen Ertrag des Oceans in ähnlicher Weise zu bestimmen, wie der Landwirth den nutzbaren Ertrag seiner Aecker und Wiesen, die jährliche Production an Gras und Getreide; durch die Zählungen der Plankton-Individuen, welche Hensen in einem kleinen Theile der Ostsee längere Zeit hindurch ausgeführt hat, glaubt er die Ueberzeugung gewonnen zu haben, dass „die Gesammt-Production der Ostsee an organischer Substanz nur etwas nachsteht der Graserzeugung einer ebenso grossen Fläche Wiesenlandes".

Der Landwirth bestimmt bekanntlich den Ertrag seiner Wiesen, Gärten und Felder nach Maass und Gewicht, nicht aber durch Zählung der Individuen. Wenn er statt dessen die neue exacte Methode der Bestimmung von Hensen einführen wollte, müsste er alle einzelnen Kartoffeln, Getreidekörner, Weinbeeren, Kirschen u. s. w. zählen; und nicht allein das, er müsste auch die Grashalme seiner Wiesen zählen, ja sogar alle einzelnen Individuen des Unkrauts, welches zwischen dem Getreide seiner

---

1) Wie die praktischen Interessen der Fischerei durch die quantitative Plankton-Analyse gefördert werden sollen, vermag ich nicht einzusehen. Die wichtigsten Maassnahmen, welche man zur Hebung des Fisch-Ertrages des Oceans treffen könnte: künstliche Fischzucht, Vermehrung und Schutz der jungen Brut, Steigerung ihrer Futter-Zufuhr, Vertilgung der Raubfische u. s. w. sind gänzlich unabhängig von den Zahlen-Tabellen, welche die Individuen-Zählung von Hensen ergiebt. Dass die Zahl der schwimmenden Fisch-Eier keinen sicheren Rückschluss auf die Zahl der entwickelten Fische gestattet (9, p. 39, 23, p. 517), ist oben bereits gezeigt (p. 56).

Felder und den Nutzpflanzen seiner Gärten wächst; denn auch diese gehören, vom physiologischen Gesichtspunkte betrachtet, zur „Gesammtproduction" des Bodens. Und was würde mit allen diesen ungeheuren Zahlen gewonnen sein? Ebenso Wenig als mit den „öden Zahlen" in den langen Zählungs-Protocollen von HENSEN [1]).

Volumen und Gewicht des Plankton.

Wenn man wirklich die Bestimmung des Ocean-Ertrages für eine höchst wichtige Aufgabe hält und diese durch eine gewisse Anzahl von quantitativen Plankton-Analysen lösen zu können glaubt, so wird man in einfachster Weise dieses Ziel durch Bestimmung des V o l u m e n s und des G e w i c h t s jedes Plankton-Fanges erreichen. HENSEN selbst hat naturgemäss diesen nächstliegenden Weg zuerst betreten; er meint aber, dass derselbe nicht sicher genug sei und auf Schwierigkeiten stosse (9, p. 15). Nach seiner Meinung „lässt sich eine genaue Analyse des Plankton bei der grossen Mannichfaltigkeit seiner Theile nur durch Z ä h l u n g gewinnen" [2]). Dabei vergisst er ganz, dass auch eine solche Zählung der Individuen nur einen annähernden und relativen Werth besitzt, keinen vollständigen und absoluten; ferner, dass aus der Zählung der verschiedenartigen I n d i v i d u e n sich gar kein sicherer Maassstab für den öconomischen Werth des ganzen bunt zusammengesetzten Plankton-Fanges ergiebt; endlich dass die Zählung e i n e s Fanges höchstens Werth hat als einzelner Factor einer grossen Rechnung, die aus Tausenden von verschiedenen Factoren sich zusammensetzt.

Die allein durchführbare Methode der Ertrags-Bestimmung ist in der Planktologie ebenso wie in der Oeconomie die Bestimmung der nutzbaren Substanz nach M a a s s und G e w i c h t und die fol-

---

1) Indem HENSEN zur Zählung der einzelnen Bestandtheile des Plankton übergeht, hebt er hervor, „dass trotz der scheinbar ö d e n Z a h l e n doch in fast jedem einzelnen Falle gewisse Resultate von a l l g e m e i n e m I n t e r e s s e sich herausgestellt haben, die in einer Zusammenstellung darzulegen, sich d i e G e l e g e n h e i t n i c h t g e - b o t e n h a t" (9, p. 39).

2) Indem HENSEN hier die Einwände gegen seine quantitativen Bestimmungen als S c h e i n g r ü n d e bezeichnet, macht er zugleich folgendes merkwürdige Geständniss: „Ferner kommt in Betracht, dass ich w e d e r B o t a n i k e r n o c h Z o o l o g e bin (!), dass mir ausserdem häufig nicht Talente zuerkannt werden, sondern man glaubt von mir bearbeitete Dinge viel besser machen zu können als ich" (9, p. 15).

gende c h e m i s c h e A n a l y s e. In der That ist sowohl die Bestimmung des Plankton-Volumens als des Gewichtes, ebenso wie die qualitative und quantitative chemische Analyse des Plankton — bis zu einem gewissen Grade — möglich; die Schwierigkeiten derselben sind geringer als Hensen angiebt. Es erscheint sonderbar, dass der Letztere diesen beiden einfachsten Methoden nicht einmal eine Seite seiner umfangreichen Abhandlung widmet (9, p. 15), sondern sie kurzweg verwirft und an ihre Stelle die ganz nutzlose „Zählung der Individuen" setzt, eine jahrelange Danaiden-Arbeit;

Stoffwechsel des Oceans.

Die vielen und grossen Fragen, welche der gewaltige Stoffwechsel des Oceans der Biologie vorlegt, die Fragen von den Quellen der „Urnahrung", von den trophischen Wechselbeziehungen der marinen Flora und Fauna, von den Ernährungs-Verhältnissen der benthonischen und planktonischen Organismen u. s. w., sind in den letzten zwanzig Jahren, seit Beginn der epochemachenden Tiefsee-Forschungen (13), vielfach erörtert und in sehr verschiedenem Sinne beantwortet worden (11). Auch Hensen hat denselben seine besondere Aufmerksamkeit zugewendet und dabei besonders die physiologische Bedeutung der U r n a h r u n g betont; er glaubt jene verwickelten Fragen vor Allem durch q u a n t i t a -t i v e B e s t i m m u n g d e r U r n a h r u n g lösen zu können [1]). Ich habe bereits im Vorhergehenden gezeigt, warum ich diesen Weg der quantitativen Plankton-Analyse für unbrauchbar ansehen muss. selbst angenommen, dass er gangbar und praktisch wäre, kann ich nicht einsehen, wie er zur endgültigen Lösung jener Fragen führen soll.

Dagegen möchte ich hier auf einige Seiten des oceanischen Stoffwechsels hinweisen, deren weitere Verfolgung mir sehr dankbar erscheint. Die beiden Hauptquellen der „oceanischen Urnahrung" sind bereits von Moebius (11), Wyville Thomson (13,

---

1) E. du Bois-Reymond sagt in dem mehrerwähnten Berichte an die Berliner Akademie (21, p. 83): „Bis zur neuesten Zeit war die Frage k a u m a u f g e w o r f e n w o r d e n, woher für die unermessliche Fülle thierischer Lebewesen im Ocean die pflanzliche Nahrung herkomme". — Auch hier, wie an anderen Stellen seines Berichtes, verräth der berühmte Rhetor (— dessen Losungswort: „Ignorabimus" so viel Anklang erregt hat —) eine auffallende Unkenntniss des Gegenstandes, über den er berichtet, und der Litteratur, die darüber seit Decennien existirt (6, 7, 8, 11, 13, 14, 15 etc.).

14), Murray (6) u. A. richtig erkannt: Erstens die gewaltigen terrigenen Massen von organischen und namentlich vegetalen Substanzen, welche alltäglich durch die Flüsse dem Meere zugeführt werden, und zweitens die ungeheuren Massen von pflanzlicher Nahrung, welche die marine Flora selbst liefert. Von letzterer hat man früher hauptsächlich die benthonische Littoral-Flora im Auge gehabt, die gewaltigen Wälder von Algen, Wiesen von Zostera u. s. w., welche in den Küstengewässern wachsen. Erst in neuerer Zeit hat man richtiger die erstaunliche Quantität vegetaler Nahrung schätzen gelernt, welche die Plankton-Flora producirt, die Fucoideen der Sargasso-Meere einerseits, die Oscillatorien und die mikroskopischen Diatomeen und Peridineen anderseits. Aber auch die kleineren Gruppen der pelagischen Protophyten, die ich oben aufgeführt habe, die Chromaceen, Murracyteen, Xanthelleen, Dictyocheen u. s. w., spielen dabei eine wichtige Rolle. Die grosse Bedeutung, welche den kleinen symbiotischen Xanthelleen dabei zufällt, ist namentlich von Brandt (24), Moseley (7) und Geddes betont worden. Offenbar ist ihre Vermehrung äusserst lebhaft, und wenn in jeder Secunde Milliarden solcher Protophyten von kleinen Thieren verzehrt werden, treten neue Milliarden an ihre Stelle. Ob uns durch die quantitative Plankton-Analyse die Zahlen dieser Milliarden nachgewiesen werden oder nicht, scheint mir völlig gleichgültig. Wichtiger wäre es für das Verständniss ihrer physiologischen Bedeutung, die Geschwindigkeit ihrer Vermehrung festzustellen.

Die Bedeutung dieser Protophyten und der zunächst von ihnen lebenden Protozoen hat in neuester Zeit namentlich Chun anschaulich erläutert (28, p. 10, 13). Er hat auch mit Recht die ausserordentliche Wichtigkeit betont, welche die verticalen Wanderungen der bathypelagischen Thiere für die Ernährung der Tiefsee-Thiere besitzen; sie sind zum grossen Theile die Handlanger, welche beständig Proviant-Transporte in die Tiefe führen (15, p. 49, 57). Dazu kommen noch die ungeheuren Massen von marinen Pflanzen- und Thier-Leichen, welche tagtäglich in die Tiefe sinken und von den Strömungen abwärts geführt werden; dazu kommt der beständige „Regen" von den Leichen zonarischer Protozoen (besonders Globigerinen und Radiolarien), die ununterbrochen durch alle Tiefen-Zonen hindurch in die tiefsten Abgründe hinabrieseln, und deren Schalen die mächtigsten Sedimente der Tiefsee bilden, den kalkigen Globigerina-Ooze und den kieseligen Radiolarien-Schlamm. Ueberhaupt scheint es mir, dass der tagliche Vorrath an Nahrungsmitteln, welchen die zerfallenden Leichen zahlloser mariner Organismen den anderen liefern, viel bedeutender ist, als gewöhnlich angenommen wird [1]. Wieviel Nahrung liefert allein ein einziger todter Walfisch!

Besonders wichtig und nicht genügend gewürdigt scheint mir aber in dieser Beziehung die trophische Bedeutung des Benthos für das Plankton (s. oben p. 19). Täglich werden ungeheure Massen von littoralem Benthos durch die Correnten in den Ocean hinausgeführt. Hier verschwinden sie alsbald, indem sie den Organismen des Plankton zur Nahrung dienen. Erwägt man alle diese verwickelten Wechsel-Beziehungen, so gewinnt man auch ohne Zahlen eine genügende allgemeine Vorstellung von „dem Kreislauf der organischen Materie im Weltmeere".

Comparante und exacte Methoden.

Je mehr sich in den letzten Decennien die beiden grossen Hauptzweige der Biologie, Morphologie und Physiologie, zu hoher Blüthe entwickelt haben, desto weiter haben sich die Forschungs-Methoden beider Wissenschaften von einander entfernt. In der Morphologie ist mit Recht immer mehr der hohe Werth der vergleichenden oder comparanten Methode anerkannt worden, da die allgemeinen Erscheinungen der Formbildung (z. B. in der Ontogenie und Systematik) grossentheils der unmittelbaren exacten Untersuchung sich entziehen, und historische Probleme enthalten, deren Lösung wir nur mittelbar (z. B. auf dem Wege der vergleichenden Anatomie und der phylogenetischen Speculation) anstreben können. In der Physiologie hingegen hat man sich immer ausschliesslicher der exacten oder mathematischen Methode bedient, welche den Vorzug relativer Sicherheit hat, und welche uns gestattet, die allgemeinen Erscheinungen der Lebens-thätigkeit unmittelbar auf physikalische (bezüglich auf che-mische) Processe zurückzuführen. Selbstverständlich muss es der Wunsch und das Streben aller Wissenschaften (also auch der Morphologie) sein, möglichst viel diesen exacten Weg der For-

---

1) HENSEN schätzt diese Nahrungsquelle sehr gering, weil „nur sehr wenige Thiere von abgestorbenem Materiale leben", und erklärt dies „daraus, dass ein in fauliger Zersetzung begriffenes Material einer stärkeren Verdauungskraft bedarf, als die Organisation der niederen Thiere hervorzubringen vermag" (9, p. 2). Beiden Sätzen muss ich widersprechen. Die Spongien leben vorzugsweise von zerfallenden todten Organismen, ebenso viele Protozoen, Helminthen, Crustaceen etc.

schung zu betreten und beizubehalten; leider ist das aber bei den
meisten (und namentlich biologischen) Disciplinen nicht möglich,
weil die empirischen Grundlagen viel zu unvollständig und die
vorliegenden Probleme viel zu complicirt sind. Mathematische
Behandlung derselben bringt viel mehr Schaden als Nutzen, weil
sie den Schein untrüglicher Sicherheit weckt, während diese in
der That nicht erreichbar ist [1]). Auch ein Theil der Physiologie
enthält solche der exacten Bestimmung schwer oder gar nicht
zugängliche Aufgaben, und zu diesen gehört auch die Chorologie
und Oecologie des Plankton.

Der Grundfehler der Plankton-Theorie von
HENSEN liegt meiner Ueberzeugung nach darin, dass er ein höchst
verwickeltes Problem der Biologie für ein relativ einfaches hält,
dass er seine vielen oscillanten Theile als verhältnissmässig constante Grössen betrachtet, und dass er glaubt, die Erkenntniss
derselben auf dem exacten Wege mathematischer Zählung und
Berechnung erreichen zu können. Zur Entschuldigung dieser Irr-
thümer dient es wohl theilweise, dass der heutigen Physiologie,
in einseitiger Verfolgung der exacten Richtung, das klare Verständniss für viele allgemeine, nicht exacter Special-Untersuchung
zugängliche Probleme überhaupt abhanden gekommen ist. Dies
zeigt sich vor allem bei der wichtigsten Frage unserer heutigen
Entwickelungslehre, bei dem Species-Problem. Die Erörterungen. welche HENSEN über die Natur der Species, über Systematik, Darwinismus und Descendenz-Theorie an vielen Stellen
seiner Plankton-Abhandlung giebt (p. 19, 41, 73 etc.), gehören zu
dem Sonderbarsten, was diese Abhandlung enthält; sie verdienen
die besondere Aufmerksamkeit der Systematiker. Die „wirk-
liche Species" (p. 72) ist für ihn ein physiologischer Begriff, während doch bekanntlich alle Species-Unterscheidung bisher
nur auf morphologischem Wege erreicht worden ist [2]). In meinem

1) Ein bekanntes und sehr lehrreiches Beispiel von dieser ver-
kehrten Anwendung exacter Methoden in der Morphologie bieten die
bekannten „mechanischen Entwickelungs-Theorien" von HIS, welche
ich in meiner Anthropogenie (III. Aufl., p. 53, 655) beleuchtet habe,
sowie in meiner Schrift über „Ziele und Wege der Entwickelungsgeschichte" (Jena, 1875).
2) Da neuerdings mehrfach die physiologische Bedeutung
des „Species"-Begriffes betont und die „Systematik der Zukunft"
auf den Weg der „Vergleichenden Physiologie" verwiesen worden ist,
muss hier constatirt werden, dass bisher keiner von diesen systema-

„Report on the Radiolaria of H. M. S. Challenger" hatte ich zu zeigen versucht, wie die äusserst mannichfaltigen Gestalten dieser formenreichsten Classe (739 Genera und 4318 Species) einerseits durch morphologische Charactere als Arten unterschieden werden und doch anderseits als Modificationen von 85 Familien - Typen oder als Descendenten von 20 Ordnungs-Stammformen, diese wieder als Abkömmlinge einer gemeinsamen einfachsten Stammform (*Actissa*) aufgefasst werden können (4, § 158). HENSEN dagegen ist der Ansicht, dass gerade darin „ein starker Gegenbeweis gegen die Unselbständigkeit der Species" zu finden ist (9, p. 100); er hofft „die systematischen Schwierigkeiten mit Hülfe der Zählungen zu lichten (p. 75); durch seine systematische Plankton - Untersuchung hat er die Ueberzeugung gewonnen, dass: „je genauer die Untersuchungen gemacht werden, desto deutlicher die Unterscheidungen der Species geworden sind" (9, p. 100). Ich bin anderseits, ebenso wie CHARLES DARWIN, durch vieljährige vergleichende und systematische Arbeiten zu der umgekehrten Ueberzeugung gelangt: „Je genauer die systematischen Untersuchungen gemacht werden, je grösser die Zahl der verglichenen Individuen einer Art, je intensiver das Studium der individuellen Variation, desto unmöglicher wird die Unterscheidung wirklicher Species, desto willkürlicher die subjective Begrenzung ihres Begriffes, desto fester die Ueberzeugung von der Wahrheit der Descendenz-Theorie"[1].

tisirenden Physiologen auch nur eine Andeutung gemacht hat, wie diese neue Systematik und Species-Unterscheidung praktisch auszuführen wäre. Was HENSEN darüber sagt (9, p. 41, 73, 100), ist ebenso werthlos, wie die früheren Erörterungen von POLÉJAEFF, welche ich in meinem „Report on the Deep-Sea-Keratosa" kritisch beleuchtet habe (Challenger-Zoology, Vol. XXXII, Part 82, p. 82—85).

1) F. HEINCKE hat kürzlich in seinen sorgfältigen „Untersuchungen über die Stichlinge" derselben Ueberzeugung mit folgenden Worten Ausdruck gegeben: „Alle hier von mir gezogenen Schlüsse sind einzig und allein begründet auf die Vergleichung sehr zahlreicher Individuen lebender Arten, oder mit anderen Worten, auf das Studium der individuellen Variation. Ich bin überzeugt, dass das Studium der Entwickelungsgeschichte im Wesentlichen meine Theorie bestätigen wird. Das wird zugleich ein Beweis dafür sein, dass der, welcher unheverwandte Arten und Rassen einer Art genau beschreiben und ihr genealogisches Verhältniss zu einander erforschen will, damit anfangen muss, sehr zahlreiche Individuen von verschiedenen Oertlichkeiten genau und methodisch zu

Planktologische Probleme.

Die wunderbare Welt des organischen Lebens, welche die ungeheuren Wasser-Massen des Oceans schwimmend erfüllt, bietet eine Fülle der interessantesten Aufgaben. Ohne Frage bleibt sie eines der anziehendsten und dankbarsten Gebiete der Biologie. Wenn wir bedenken, dass uns der grösste Theil dieses Gebietes kaum seit fünfzig Jahren erschlossen ist, und wenn wir den Schatz neuer Entdeckungen bewundern, den allein schon die Challenger-Expedition zu Tage gefördert hat, so dürfen wir auf eine glänzende Zukunft der Planktologie rechnen.

Zunächst dürfen wir die Hoffnung hegen, dass auch unsere Deutsche „National-Expedition" — die erste grössere Deutsche Unternehmung auf diesem Gebiete — viele planktologische Probleme fördern wird, und dass die sechs Naturforscher, welche unter so günstigen Verhältnissen und mit so bedeutenden Hülfsmitteln 93 Tage hindurch das oceanische Plankton erforschen und in 400 Netz-Zügen eine reiche Sammlung von pelagischen Organismen erzielen konnten, durch deren sorgfältige Bearbeitung unsere Kenntnisse vielfach bereichern werden. Jedoch gestatten die vorläufigen Mittheilungen von HENSEN (22) und BRANDT (23) darüber noch kein Urtheil. Unter den Ergebnissen, welche der Erstere der Berliner Akademie kürzlich mitgetheilt hat, erscheinen mir einige etwas bedenklich; doch ist daran wohl die Verschiedenheit unserer allgemeinen Gesichtspunkte Schuld. So hatte ich z. B. die auffallende „Wasserähnlichkeit der pelagischen Fauna", die Durchsichtigkeit der farblosen Glasthiere, zuerst 1866 in meiner Generellen Morphologie (II, p. 242) noch DARWIN's Selections-Theorie durch gleichfarbige Zuchtwahl zu erklären gesucht (30, p. 248); HENSEN hingegen betrachtet als Ursachen derselben den Hunger, und die „Tendenz, relativ grösste Wassermassen auszubeuten"; überhaupt tragen nach seiner Ansicht „viele grössere pelagische Thiere den ausgesprochenen Character schwerer Lebensverhältnisse, des Hungerlebens".

vergleichen. Er wird dann bald sehen, dass Beweise für die Descendenz-Theorie auf diesem Wege in grösster Zahl jederzeit zu finden sind, wenn man nur die Mühe nicht scheut, sie aufzuspüren." (Öfversigt af K. V. Akad. Förh. Stockholm, 1889, No. 6, p. 410.) Diese Anschauung von HEINCKE wird jeder erfahrene und unbefangene Systematiker theilen.

Das s c h a a r e n w e i s e A u f t r e t e n vieler pelagischer Thiere erklärt HENSEN dadurch, „dass die Brut nicht treibt, sondern frei schwimmt. In Folge dessen treiben die Mutterthiere frei fort, und wenn die Larven sich endlich an die Oberfläche erheben, können jene ihnen keine Concurrenz mehr machen" (**22**, p. 252). Die Anhäufung zahlreicher P h y s a l i e n in grossen Schwärmen steht nach seiner Meinung „in Correlation mit der Form der Bewegung. Die Thiere, die keiner selbständigen Fortbewegung fähig sind, müssen ziemlich dicht beisammen bleiben, um sich z w e i - g e s c h l e c h t l i c h fortpflanzen zu können; was zu weit abtreibt, muss aussterben". Hiergegen ist einzuwenden, dass die Physalien nicht, wie HENSEN annimmt, G o n o c h o r i s t e n, sondern stets H e r m a p h r o d i t e n sind [1]).

Die eben erwähnten Erscheinungen, die Wasserähnlichkeit der pelagischen Fauna, das schaarenweise periodische Auftreten vieler pelagischer Organismen, ihre massenhafte Anhäufung in den Zoocorrenten (S. 85), ihre Beziehungen zu den Strömungen überhaupt, sind nur einige von den vielen grösseren Problemen, welche die Planktologie dem menschlichen Forschungstriebe darbietet. Für dieses wie für so viele andere Gebiete der Biologie hat CHARLES DARWIN durch die Neubegründung der Descendenz-Theorie uns den Weg der causalen Erkenntniss eröffnet; wir müssen die verwickelten W e c h s e l b e z i e h u n g e n der zusammengedrängten Organismen im Kampfe um's Dasein, die Wechselwirkung der V e r - e r b u n g und A n p a s s u n g erforschen, um das Leben des Plankton verstehen zu lernen. Bei diesen Plankton-Studien werden wir aber ebenso wohl in physiologischen wie in morphologischen Fragen uns jener Methode bedienen müssen, welche JOHANNES MÜLLER, der Entdecker dieses Gebietes, stets in mustergültiger Weise angewendet hat, der gleichzeitigen „B e o b a c h t u n g" und R e - f l e x i o n".

---

[1] D i e C o r m e n a l l e r P h y s a l i d e n s i n d m o n o e c i s c h, i h r e C o r m i d i e n m o n o k l i n i s c h; jeder einzelne Ast der traubenförmigen Gonodendren ist monostylisch und trägt eine weibliche und mehrere männliche Medusoide; diese Thatsachen sind schon vor 35 Jahren von HUXLEY festgestellt worden. (Vergl. meinen Report on the Siphonophorae; Zoology of the Challenger, Vol. XXVIII, p. 347, 356.)

Litteratur.

1. JOHANNES MÜLLER, 1845—1855, Ueber die Larven und die Metamorphose der Echinodermen. Abhandlungen der Berliner Akademie der Wissenschaften.

2. JOHANNES MÜLLER, 1858, Ueber die Thalassicollen, Polycystinen und Acanthometren des Mittelmeeres. Abhandlungen der Berliner Akademie der Wissenschaften.

3. ERNST HAECKEL, 1862, Monographie der Radiolarien (Uebersicht der Verbreitung, p. 166—193).

4. ERNST HAECKEL, 1887, Report on the Radiolaria collected by H. M. S. Challenger during the Years 1873—76. Chorological Section. § 226—240. (Deutsch in der „Allgemeinen Naturgeschichte der Radiolarien", 1887, p. 123—137.)

5. JOHN MURRAY, 1876, Preliminary Report on some Surface Organisms examined on board of H. M. S. „Challenger", and their relation to Ocean Deposits. Proceed. Royal Soc. Vol. XXIV, p. 532—537.

6. JOHN MURRAY, 1885, Narrative of the Cruise of H. M. S. „Challenger", with a General Account of the Scientific Results of the Expedition (1873—1876). Vol. I, II.

7. H. N. MOSELEY, 1882, Pelagic Life. Address at the Southampton Meet. Brit. Assoc. („Nature", Vol. XXVI, Nr. 675, p. 559).

8. GAETANO CHIERCHIA, 1885, Collezioni per Studi di Scienze Naturali, fatte nel Viaggio intorno al mondo dalla R. Corvetta „Vettor Pisani" (anni 1882—1885).

9. VICTOR HENSEN, 1887, Ueber die Bestimmung des Planktons, oder des im Meere treibenden Materials an Pflanzen und Thieren. (V. Bericht der Commission zur wissensch. Unters. der Deutschen Meere in Kiel.)

10. K. MOEBIUS, 1887, Systematische Darstellung der Thiere des Plankton in der westl. Ostsee und auf einer Fahrt von Kiel in den Atlantischen Ocean bis jenseit der Hebriden. (V. Bericht der Commission zur wissensch. Unters. der Deutschen Meere in Kiel.)

11. K. MOEBIUS, 1871, Wo kommt die Nahrung für die Tiefseethiere her? Zeitschr. für wissensch. Zool., 21. Bd., p. 294.

12. TH. FUCHS, 1882, Ueber die pelagische Flora und Fauna. Verhandl. d. k. k. Geolog. Reichsanstalt in Wien, 4. Febr. 1882, p. 49—55.

13. WYVILLE THOMSON, 1873, The Depths of the Sea. An account of the general results of the dredging cruises of H. M. S. S. „Porcupine" and „Lightning".

14. Wyville Thomson, 1877, The Atlantic. A preliminary account of the general results of the exploring voyage of H. M. S. Challenger.

15. Carl Chun, 1888, Die pelagische Thierwelt in grösseren Meerestiefen und ihre Beziehungen zu der Oberflächen-Fauna. (Bibliotheca zoologica, Heft I.)

16. Carl Chun, 1889, Bericht über eine nach den Canarischen Inseln im Winter 1887/88 ausgeführte Reise. (Sitzungsberichte der Berliner Akademie der Wiss., p. 519.)

17. Carl Voot, 1848, Ocean und Mittelmeer, p. 303.

18. Richard Greeff, 1868, Reise nach den Canarischen Inseln („Die Meeresströmungen als Thierstrassen"), p. 307—309.

19. R. Schmidtlein, 1879, Vergleichende Uebersicht über das Erscheinen grösserer pelagischer Thiere während der Jahre 1875 —1877. Mittheil. der Zoolog. Station Neapel, Bd. I, p. 119.

20. Eduard Graeffe, 1881—1888, Uebersicht der Seethier-Fauna des Golfes von Triest, nebst Notizen über Vorkommen, Lebensweise, Erscheinungs- und Fortpflanzungs-Zeit. (Arbeiten d. Zool. Station Triest.)

21. E. du Bois-Reymond, 1890, Bericht über die Humboldt-Stiftung und die Kieler Plankton-Expedition des „National". (Sitzungsberichte der Berliner Akademie d. Wissensch. vom 23. Januar 1890, p. 83—87.)

22. Victor Hensen, 1890, Einige Ergebnisse der Plankton-Expedition der Humboldt-Stiftung. (Sitzungsberichte der Berliner Akademie der Wissenschaften vom 13. März 1890, p. 243—253.)

23. Karl Brandt, 1889, Ueber die biologischen Untersuchungen der Plankton-Expedition. (Verhandl. der Gesellschaft für Erdkunde zu Berlin, vom 7. Dec. 1889, p. 515.)

24. Karl Brandt, 1885, Die coloniebildenden Radiolarien (Sphaerozoëen) des Golfes von Neapel.

25. Ernst Haeckel, 1882, Indische Reisebriefe. (II. Aufl.)

26. Karl Moebius, 1880, Beiträge zur Meeres-Fauna der Insel Mauritius und der Seychellen, 1880.

27. Carl Chun, 1886, Ueber die geographische Verbreitung der pelagisch lebenden Seethiere. Zoolog. Anzeiger, Nr. 214, 215.

28. Carl Chun, 1890, Die pelagische Thierwelt in grossen Tiefen. Verhandl. d. Gesellsch. Deutsch. Naturf. u. Aerzte, Bremen 1890.

29. Ernst Haeckel, 1879, Monographie der Medusen. (1. Bd. Das System der Medusen. II. Bd. Der Organismus der Medusen.)

30. Ernst Haeckel, 1889, Natürliche Schöpfungsgeschichte. Achte Auflage.